Geld per Mausklick

14 einfache Wege, wie Sie schnell Ihre
ersten 100 Euro im Internet verdienen.
Diese Online Nebenjobs sind wirklich für
Einsteiger geeignet!

Fabian Goldschmidt

Inhalt

Vorwort

Online Geld zu verdienen, wird immer mehr zum Traum vieler Menschen. Das Internet gewinnt mit seinem zunehmenden Angebot an verfügbaren Jobs konstant an Vertrauen. Insbesondere im letzten Jahrzehnt hat sich der Trend, im Internet Geld zu verdienen, verstärkt: Affiliate Marketing, auf YouTube Geld verdienen, über Amazon KDP eigene Bücher veröffentlichen. Diese und viele weitere Tätigkeiten versprechen Erfolg auf vielen Ebenen und reichlichen Geldfluss. Mittlerweile gibt es kaum eine Person im jungen Erwachsenenalter, die sich nicht mit einzelnen Tätigkeiten befasst, mit denen sich im Internet Geld verdienen lässt. Doch nicht nur junge Menschen zeigen sich interessiert, auch andere Altersgruppen setzen sich mehr und mehr mit den Perspektiven im Internet auseinander.

Es ist also kein Wunder, dass Sie Ihr Weg zu diesem Buch geführt hat. Denn ganz ehrlich: Die Vorstellung, der eigene Chef zu sein, die absolute Flexibilität beim Arbeiten zu haben und sogar während des Schlafs Geld verdienen zu können, ist äußerst reizvoll. Am Angebot mangelt es im Internet nicht. Die Nachfrage ist derart hoch, dass sich immer wieder Tätigkeiten finden lassen, bei denen Sie sich nicht oder kaum gegen Mitbewerber behaupten müssen. In Krisenzeiten, wenn die Wirtschaft einmal nicht so zuverlässig funktioniert, wird vielleicht die Auftragslage rückläufig sein oder Sie werden Honorareinbußen hinnehmen müssen, aber komplett ohne Verdienst zu bleiben, ist bei Online-Tätigkeiten schwer denkbar. Während eine Selbstständigkeit außerhalb des Internets noch viel

Terminwahrnehmung und Präsenz an verschiedenen Orten erfordert, sind Sie im Internet weitestgehend frei – Termine nehmen Sie von zuhause aus wahr, Präsenz läuft bei den Profis automatisiert über Programme ab.

Ist es Ihr Ziel, eine Tätigkeit zu finden, die Ihnen zusagt und mit der Sie sich nebenberuflich etwas dazuverdienen können? Streben Sie eine Ablösung Ihres Hauptberufs durch eine Online-Tätigkeit an? Möchten Sie Geld verdienen und gleichzeitig Menschen helfen? Sind Sie arbeitslos und möchten sich behutsam an die Arbeitswelt herantasten? Sind Sie Student oder Azubi, das Budget ist knapp, und Sie brauchen so schnell wie möglich ein paar Euro mehr pro Monat?

All dies kann über das Geld verdienen online erfüllt werden. Alles, was Sie brauchen, finden Sie in diesem Ratgeber, in Ihnen selbst und in der Zukunft. Der Ratgeber hilft Ihnen insofern, als dass er Ihnen Perspektiven, die verschiedenen Jobs samt Einstiegstipps und motivierende Erfahrungen vorstellt. Sie selbst helfen sich dadurch, dass Sie sich für die richtige Online-Tätigkeit entscheiden und diese konsequent verfolgen. Und die Zukunft verschafft Ihnen Erfahrungen, Cleverness sowie eventuell höhere Ambitionen, sodass Sie unter Umständen sogar hauptberuflich im Internet Geld verdienen werden.

Sie erkennen: Alles ist möglich! Nichtsdestotrotz liegt der Fokus dieses Ratgebers auf den ersten Schritten, die Sie – davor seien Sie gewarnt – nicht unterschätzen sollten. Sie werden zwar, je nach ausgewählter Tätigkeit, die ersten Euro schnell verdienen, aber insgesamt dennoch Geduld haben müssen. Jeder Ratgeber und jede Website, die Ihnen den schnellen Erfolg ohne großes Zutun versprechen, lügen Ihnen ins Gesicht. Alles, was aufgebaut wird, braucht Geduld. Gehen Sie mit dieser Einstellung an die Aufgaben heran und meiden Sie allem voran Risiken. Zu den Risiken gehört, auf zwielichtige Angebote einzugehen, bei denen es am Ende eventuell zu keiner Bezahlung kommt. Ebenso gehört es zu den Risiken, Ihren Hauptberuf zu vernachlässigen oder gar zu kündigen, nur weil es zwei Monate am Stück beim Online-Verdienst gut lief. Zu all diesen Punkten werden Sie im Laufe des Ratgebers an passender Stelle reichlich Hinweise vermittelt bekommen, mit Hilfe derer Sie die Risiken senken und Ihren Ertrag steigern.

Zwischendurch werden Sie in diesem Buch auf Boxen stoßen, die mit „Hinweis!", „Tipp!" oder „Meine Erfahrungen" benannt sind. Es handelt sich um Informationen, die hervorgehoben werden und Ihrer besonderen Aufmerksamkeit bedürfen. Sie bieten Ihnen nämlich zusätzlichen Mehrwert. Die Erfahrungsberichte, die Sie erhalten, sind keineswegs erfunden, sondern direkt aus meinen eigenen Online-Jobs gezogen. Sie schärfen Ihr Bewusstsein für die Möglichkeiten, die sich Ihnen bieten. Der Großteil der Erfahrungsberichte stammt aus meinem Leben, ein anderer Teil aus dem Leben enger Bekannter oder Geschäftspartner.

Ziel des Buches ist es nicht, Ihnen eine Millionärsformel mit auf den Weg zu geben. Dies wäre unrealistisch. Sie sollen am Ende wissen, wie Sie einen passenden Job finden und die ersten Schritte mit Erfolg gehen. Was in der Folgezeit nach den ersten Schritten kommt, das ist Ihre eigene Geschichte. Sie können durchaus Millionär werden, aber dieser Weg ist lang, und Sie werden sich angemessen in weiterführenden Quellen informieren müssen. Hier geht es um den Anfang. Möge Ihnen dieser Anfang mit den folgenden Erkenntnissen brillant gelingen!

Kann jede Person online Geld verdienen?

Kurz und knapp: Es kann jede Person im Internet Geld verdienen. Welche Perspektiven und welche Tätigkeiten bzw. Jobs möglich sind, variiert jedoch von Person zu Person. Aus diesem Grund fassen wir in diesem Kapitel die wesentlichen Verdienstmöglichkeiten ins Auge, die für Sie als Einstieg realistisch sind. Um aus dem großen Angebot an Möglichkeiten zum Verdienst einige persönliche Favoriten herauszupicken, steht Ihnen ein Job-Test zur Verfügung, und es werden weiterführende Ratschläge gegeben. Anschließend erhalten Sie einen Überblick darüber, wie Ihre Chancen stehen, im Online-Business die ersten Euro zu verdienen oder sogar hauptberuflich erfolgreich zu werden. Den Abschluss bilden Ratschläge zur richtigen Einstellung, damit die ersten Schritte beim Einstieg in den Online-Verdienst glücken.

Übersicht über die Möglichkeiten

Wir beginnen mit einer Übersicht der Möglichkeiten zum online Geld verdienen, damit Sie sich überhaupt Ihrer vielen Perspektiven bewusstwerden. An dieser Stelle ist es vernünftig, Ihnen zu erklären, dass keine der im Folgenden aufgezählten Möglichkeiten ein Muss für Sie ist. Es ist generell nur ein Überblick, den Sie zunächst ohne Vorurteile hinnehmen sollten. Dass die Vorschläge nicht für jeden optimal sind, ist klar.

- ✓ **Umfragen**
- ✓ **Produkt-Tests**
- ✓ **An- und Verkauf / E-Commerce**
- ✓ Glücksspiel
- ✓ **Gewinnspiele**
- ✓ **Affiliate-Marketing**
- ✓ **Online-Marketing-Manager**
- ✓ **Textverfassung**
- ✓ Trading
- ✓ Kreditvergabe
- ✓ **Stockfotografie**
- ✓ **Virtuelle Assistenz**
- ✓ Online-Coaching
- ✓ Influencer
- ✓ YouTuber
- ✓ **Blogging**
- ✓ **Domainhandel**
- ✓ E-Sports
- ✓ **Design**
- ✓ **Nachhilfe**
- ✓ **Vermietung über Plattformen**
- ✓ Entwickler/ Programmierer
- ✓ Webinare
- ✓ Dropshipping
- ✓ Amazon FBA

Nicht schlecht, diese Menge an potenziell geeigneten Jobs, obwohl es sich nur um einen grundlegenden Auszug handelt! Die letzten drei Methoden zum Geld verdienen lernen Sie im Bonus näher kennen. In diesem Buch wird darauf nicht näher eingegangen, da diese Methoden einen höheren organisatorischen Aufwand erfordern. Gar nicht – weder im Bonus noch in diesem Buch – werden die Jobs aus der Liste thematisiert, die umfangreiche Schulungen oder einen signifikanten Kapitaleinsatz verlangen. Beispiele für solche Jobs sind die Tätigkeiten als Entwickler oder Programmierer, das Trading sowie die Kreditvergabe. Des Weiteren werden wir in diesem Buch das Glücksspiel und E-Sports außer Acht lassen. Grund hierfür ist, dass beide Verdienstmethoden nicht im Rahmen eines Buchs angemessen nahegebracht werden können und das Glücksspiel einen Kapitaleinsatz bei gleichzeitig hohem möglichem Risiko erfordert. Auch die Tätigkeiten als Influencer und YouTuber bleiben außen vor, weil sich hier oft erst nach vielen Monaten bis hin zu Jahren wirklich Geld verdienen lässt. Haben Sie bereits mehrere Tausende oder Zehntausende Follower, dann informieren Sie sich gern über die Option, als Microinfluencer tätig zu werden. Aus Kapazitätsgründen kann dieses Thema in diesem Buch jedoch nicht näher abgehandelt werden.

Es verbleiben die fett markierten Jobs, mit denen wir uns in diesem Buch befassen werden. Tätigkeiten, die für die breite Masse weniger umsetzbar sind (z. B. Vermietung über Plattformen, E-Commerce), werden wir lediglich rudimentär anschneiden können. Textverfassung, Stockfotografie und das Ausfüllen von Umfragen sind der breiten Masse einfacher zugänglich und werden mitsamt einer Menge anderer Jobs so genau wie möglich vorgestellt. So viel zu den Spielräumen, die Ihnen dieses Buch bietet.

Wie finden Sie Ihren Favoriten?

Angesichts der vielen verfügbaren Optionen wäre es jetzt völlig normal, wenn Sie sich die folgende Frage stellten:

„Meine Güte! Wo soll ich jetzt anfangen,
und was ist das Richtige für mich?"

Die erste gute und beruhigende Nachricht: Anfangen müssen und sollen Sie noch nicht. Dies geht schließlich erst, sobald Sie sich zumindest das Grundlagenwissen angeeignet haben, das Ihnen in den Folgekapiteln vermittelt wird.

Aber was das Richtige für Sie ist, diese Frage können und sollten Sie sich schon jetzt stellen. Es hilft Ihnen nämlich, sich auf einige der oben genannten Jobs zu fokussieren und am Ende dieses Buches idealerweise eine Tätigkeit zu starten, die Ihnen zusagt. Denn genau hierin verbirgt sich eine Schwachstelle, die viele motivierte und neugierige Personen nicht bemerken: Das umfassende Angebot wird präsentiert, aber ohne Anleitung und Richtungsvorgabe an die Leser vermittelt. So kommt es dazu, dass falsche Entscheidungen getroffen werden. Deswegen ist es besonders gefährlich, Bücher von Millionären und Milliardären zu kaufen, die über ihren Erfolg in einer einzigen Branche berichten – zur Inspiration und bei Interesse für die Branche guter Lesestoff, aber für Leser, die sich allgemein informieren und eine geeignete Nebentätigkeit finden wollen, absolut verkehrt!

Ihr Ziel, bei dem ich Sie mit allen Möglichkeiten zu unterstützen versuchen werde, sollte bei jeder Tätigkeit die Förderung Ihrer Leidenschaften und Talente sein. Hierfür müssen Sie sich nicht vom Job-Angebot in eine Richtung lenken lassen, sondern die richtigen Jobs selbst herauspicken. Aus einer Laune heraus die Entscheidung zu treffen, mit Stockfotografie etwas dazuzuverdienen, macht wenig Sinn, sofern Sie bisher keine Kamera in der Hand hatten und kreativ wenig veranlagt sind. Den Mangel an Erfahrungen an der Kamera *oder* den Mangel an Kreativität können Sie eventuell kompensieren, aber beide Defizite zusammen eher nicht.

Manchmal fällt die Entscheidung leicht. Wenn Sie einen Job sehen, der Ihnen auf die Schnelle zusagt und Sie sich denken „Genial. Das wollte ich immer schon machen.", dann nichts wie los. Aber wenn Ihnen solch ein Gefühl fehlt oder Sie von Ihrem mit Begeisterung ausgesuchten Job enttäuscht werden, dann ist es unter Umständen erforderlich, über Umwege darüber nachzudenken, was zu Ihnen passen könnte. Damit Sie genau für diese Situation gerüstet sind und auf jeden Fall ein paar Favoriten aus der oben genannten Liste herausfiltern können, finden Sie im nächsten Abschnitt einen aus zwölf Fragen bestehenden Test vor.

4

Job-Test fürs Internet

Der folgende Job-Test wurde unter großer Sorgfalt erstellt. Wahrscheinlich kennen Sie ähnliche Tests bereits aus dem Internet. Diese sind aber grundsätzlich auf die komplette Palette an Jobs ausgerichtet und gehen damit über einen Verdienst im Internet hinaus. Dort werden Sie in der Regel nicht das finden, was Sie benötigen. Aus diesem Grund habe ich einen kleineren und ausschließlich auf die im oberen Abschnitt fett markierten Online-Tätigkeiten ausgelegten Test erstellt. Wie es bei solchen Tests üblich ist, wird kein Anspruch auf absolute Korrektheit erhoben. Im Umkehrschluss bedeutet dies jedoch nicht, dass Sie Ihnen unpassend erscheinende Ergebnisse sofort verwerfen sollten. Je nachdem, was das Ergebnis ist, kann es sein, dass Sie eine solche Tätigkeit noch nie erwogen haben, sie aber zu Ihnen passen würde. Begegnen Sie deswegen den Ergebnissen offen und handhaben Sie es wie folgt: Setzen Sie sich zumindest mit den Top-2-Ergebnissen aus diesem Test in den Folgekapiteln näher auseinander. Addieren Sie den Top 2 noch die Jobs hinzu, die Ihnen von vornherein ins Auge gefallen sind, und schon haben Sie einen inhaltlichen Fokus, mit dem Sie in den Folgekapiteln dieses Buches arbeiten können.

Zur Auswertung des Tests: Es werden Ihnen zwölf Fragen gestellt, zu denen Ihnen jeweils eine Skala mit zwei Begriffen zur Orientierung vorgegeben wird. Mit den Zahlen 1 bis 10 treffen Sie eine Entscheidung, welches der Attribute Ihnen zugesprochen werden kann. Bei absoluter Entschlossenheit wird es die Zahl 1 oder 10, bei Unentschlossenheit geht es immer mehr in die Mitte auf die Zahlen 4 bis 6 zu. Sie addieren die Punkte aus jeder der Fragen zusammen. Abschließend vergleichen Sie die Gesamtpunktzahl mit den Tätigkeiten/Jobs aus der Tabelle.

Test

1. *Haben Sie es lieber bequem bei der Arbeit oder möchten Sie gefordert werden?*

    1 (bequem) ---------------- *(fordernd)* 10

2. *Arbeiten Sie bevorzugt in rechnerischen und festen Strukturen oder kreativ und frei?*

    1 (fest) ---------------- *(frei)* 10

3. *Finden Sie es wichtiger, sich Ihren Träumen hinzugeben oder realistisch zu sein?*

    1 (Träume) ---------------- *(Realismus)* 10

4. *Halten Sie sich an Termine oder haben Sie dabei Schwierigkeiten?*

    1 (verspätet) ---------------- *(pünktlich)* 10

5. *Arbeiten Sie gern und lange an einem Projekt, um es wachsen zu sehen, oder sind Sie eher an einem schnellen Wechsel von Projekt zu Projekt interessiert?*

    1 (kurzfristig) ---------------- *(langfristig)* 10

6. *Bleiben Sie auf einer Party oder Versammlung lieber für sich allein oder suchen Sie gern den Kontakt zu anderen Menschen?*

    1 (allein) ---------------- *(mit anderen)* 10

7. Ist es für Sie in Ordnung, hin und wieder auch einmal eine Nacht durchzuarbeiten?

    1 (keineswegs)   ----------------   *(absolut)*   *10*

8. Möchten Sie Menschen helfen oder einfach nur Geld machen?

    1 (Geld)   ----------------   *(helfen)*   *10*

9. Sind Sie auf der Suche nach neuen Abenteuern oder eher rational und vorsichtig gesinnt?

    1 (Rationalität)   ----------------   *(Abenteuer)*   *10*

10. Sind Sie scheu oder treten Sie gern vor Menschenmengen auf?

    1 (scheu)   ----------------   *(Menschen)*   *10*

11. Würden Sie sich als eine angespannte oder eine lässige Person einstufen?

    1 (angespannt)   ----------------   *(lässig)*   *10*

12. Halten Sie sich lieber zurück oder ergreifen Sie bevorzugt die Führung?

    1 (Zurückhaltung) ---------------- *(Führung)*   *10*

Auswertung

Tätigkeit / Job	Gesamtpunktzahl
Umfragen	12 – 40
Produkt-Tests	18 – 45
Gewinnspiele	20 – 50

Domainhandel	22 – 55
Virtuelle Assistenz	25 – 65
Vermietung über Plattformen	25 – 78
Stockfotografie	40 – 84
Textverfassung	42 – 100
Design	45 – 100
Nachhilfe	50 – 110
Blogging	61 – 100
Influencer	65 – 110
YouTuber	70 – 110
Affiliate-Marketing	75 – 120
An- und Verkauf / E-Commerce	78 – 120
Online-Marketing	80 – 120

Als Faustformel gilt: Es handelt sich um eine normale Abweichung im Rahmen dieses pauschalisierten Tests, wenn Sie 20 Punkte von einem (Ihrer Meinung nach) zu Ihnen passenden Job entfernt sind.

Perspektiven bei der Ausübung eines Online-Jobs

Je nachdem, in welcher Situation Sie sich aktuell befinden, wird es für Sie interessant sein zu erfahren, wie die Perspektiven zum Aufstieg bei einem Online-Job sind. Diejenigen Personen, die mit ihrem aktuellen Job unzufrieden sind, werden womöglich mit dem Gedanken kokettieren, einen Job zu finden, der irgendwann den Hauptberuf ablösen kann. Wieder andere haben aktuell vielleicht keinen Job und sind auf der Suche nach einem sofortigen Vollzeitjob. Wo auch immer Sie sich in Ihrer persönlichen Momentaufnahme sehen: Das Internet bietet alle Perspektiven, und die verfügbaren Jobs sind ein Abbild dieser Perspektiven. Einige Jobs sind ein breit gefächertes Abbild der Perspektiven, andere Jobs spiegeln nur einen Teil des umfangreichen Online-Angebots wider.

Für die kleinen Ambitionen

Haben Sie kleine Ambitionen, dann sind Umfragen, Produkt-Tests sowie Gewinnspiele die naheliegendsten Optionen. Sie profitieren hier von geringen Ansprüchen an Qualifikationen, was Ihren Erwartungen in die Karten spielen dürfte. „Kleine Ambitionen" muss allerdings breit und großzügig definiert werden, denn bei Gewinnspielen bestehen durchaus realistische Chancen, sogar Gewinne im fünf- und sechsstelligen Bereich in einem Jahr abzuräumen. Regelmäßige Gewinnspieler sind ein perfektes Beispiel dafür. Aber dazu mehr im nächsten Kapitel.

Sie dürfen sich bei Umfragen sowie Produkt-Tests über schnell verdientes Geld freuen. Die zu verdienenden Beträge sind fest definiert, was Transparenz schafft. Meistens dürfen Sie den Auszahlungszeitpunkt selbst bestimmen – noch mehr Transparenz. Ist Ihnen daran gelegen, so schnell wie möglich Ihr erstes Geld im Internet zu verdienen, dann sind diese Tätigkeiten das Richtige für Sie. Bei Gewinnspielen hingegen müssen Sie mehr Geduld beweisen, weil die ersten Gewinne nach Beginn der Tätigkeit mehrere Monate auf sich warten lassen können.

> **Tipp!**
>
> Es ist für Sie vielleicht ein interessanter Ansatz, dass Sie eine Online-Tätigkeit, bei der Sie länger auf die ersten Geldströme warten müssen, mit Umfragen oder Produkt-Tests kombinieren. Der Vorteil einer solchen Kombination besteht darin, dass Sie in Ruhe an Ihrem YouTube-Kanal oder einem anderen langfristigen Projekt arbeiten, während Sie durch die Nebentätigkeit bei Umfragen und Produkt-Tests parallel bereits Ihr erstes Geld verdienen.

9

Durch die zahlreiche Verfügbarkeit und die lockeren Regularien bei den genannten Tätigkeiten für kleine Ambitionen genießen Sie eine maximale Flexibilität. Aufgrund der einfachen Ausübung ist sichergestellt, dass Sie sich bei paralleler Ausführung neben Ihrem Hauptberuf nicht überfordern.

Für größere Ambitionen

Die anderen Tätigkeiten – vom E-Commerce über Stockfotografie und Textverfassung bis hin zum Domainhandel – bieten reichlich Raum für Perspektiven. Einzig und allein Ihre Kreativität und Ihr Ehrgeiz entscheiden darüber, wie weit es für Sie geht. Sie können als Autor für Auftraggeber zu einem Preis von einem oder mehreren Cent pro Wort arbeiten **oder** Sie veröffentlichen eigene Ebooks auf Amazon, was Ihnen ein konstantes fünfstelliges passives Monatseinkommen bescheren kann. Ebenso steht es Ihnen frei, nur hin und wieder über Ebay ein paar Artikel anzukaufen und zu verkaufen **oder** mit dem Verkauf der Produkte auf mehreren Plattformen sowie eigenem Webshop einen großen Gebrauchtwarenhandel aufzuziehen. Auch die Nachhilfe gibt Ihnen alle Möglichkeiten, indem Sie entweder Einzelkurse für Kunden von diversen Anbietern geben **oder** eine komplett eigene Schule eröffnen.

In jedem „oder" liegt viel Wahrheit über Sie und Ihre Ambitionen. Jedes „oder" kann sich im Laufe Ihrer Tätigkeiten verändern. Dieses Buch kann Ihnen hauptsächlich nur die ersten Schritte zeigen; mehr ist für den Anfang gar nicht notwendig. Alles, was es nach einem guten Start braucht, ergibt sich individuell, und die erforderlichen Ressourcen werden Sie immer in sich haben. Grundsätzlich gilt: Je mehr Sie allein und ohne Auftraggeber bzw. Vermittler machen, desto größere Verdienstmöglichkeiten werden Sie haben. Im Gegenzug werden Sie sich länger gedulden müssen, bis Sie erste Einkünfte verzeichnen.

Hinweis!

Es wurde in diesem Abschnitt das passive Einkommen angesprochen. Bei Online-Jobs ist eine Unterscheidung zwischen aktivem und passivem Einkommen zu treffen und wird in allen Ratgebern thematisiert. „Aktiv" bedeutet, dass Sie für jeden verdienten Euro arbeiten müssen. „Passiv" bedeutet, dass Sie ein System schaffen, über das Sie anschließend Geld verdienen, ohne regelmäßig Maßnahmen für den Verdienst ergreifen zu müssen. Besser oder schlechter ist weder das eine noch das andere. Viele Personen „himmeln" das passive Einkommen förmlich an, weil es in Verbindung damit gebracht wird, für den Verdienst „nichts tun" zu müssen. Dass dies nicht stimmt, zeigt sich bei dem Aufwand, der sich hinter dem Aufbau der Systeme zum passiven Einkommen verbirgt. Näheres werden Sie anhand der Erläuterungen zu den einzelnen Jobs im nächsten Kapitel selbst schlussfolgern und sich ein eigenes Urteil bilden können.

Grundtugenden für den Einstieg ins Online-Business

Die Grundtugenden für den Einstieg ins Online-Business unterscheiden sich kaum von denen, die es auch bei jedem (Offline-)Business gibt. Es ist vorteilhaft, diese Tugenden nun verstärkt ins Gedächtnis zu rufen, weil es des Öfteren vorkommt, dass Einsteiger mit einer lässigeren Einstellung ans Online-Business herangehen. Keine Sorge, Sie dürfen natürlich entspannt bleiben – aber nur, weil es ins komfortable und flexible Internet geht, bedeutet es nicht, dass Sie machen können, was Sie möchten. Nehmen Sie sich daher folgende Tugenden zu Herzen:

- ✓ Geduld
- ✓ Zuverlässigkeit
- ✓ Vorsicht
- ✓ Ehrgeiz
- ✓ Durchhaltevermögen
- ✓ Ehrlichkeit
- ✓ Verantwortungsbewusstsein

Geduld wird es auf die ein oder andere Weise bei allen Tätigkeiten brauchen. Der Unterschied zur Offline-Welt besteht beim Geld verdienen im Internet darin, dass es Ihnen leichter fällt, Verdienstmöglichkeiten zu finden. Während Sie bei den Jobs für kleine Ambitionen warten müssen, bis sich aus den kleinen Erträgen eine für Sie hübsche Summe zusammengesammelt hat, werden Sie bei den Jobs mit größeren Perspektiven geduldiger sein müssen, bis überhaupt Geldflüsse aus der Arbeit resultieren. Somit kommen Sie an der Tugend Geduld auf keinen Fall vorbei.

Zuverlässigkeit ist deswegen wichtig, weil Sie entweder Auftraggebern gegenüber die erwartungsgemäße Erfüllung eines Auftrags zu erbringen haben, oder weil Kunden diese Zuverlässigkeit (z. B. Lieferung der Ware zum vereinbarten Zeitpunkt) von Ihnen erwarten. Zwar geben Ihnen die anspruchslosen Tätigkeiten bei Umfragen und Produkt-Tests viel Freiraum, aber wenn Sie diesen Freiraum überstrapazieren, kann ein Eindruck der Unzuverlässigkeit aufkommen, der schlimmstenfalls zum Ausschluss durch den jeweiligen Auftraggeber führt.

Vorsicht ist geboten, um nicht auf die Betrugsmaschen hereinzufallen. Mit der Zeit bekommen Sie ein gutes Gefühl dafür, hinter welchen Angeboten oder Kontaktaufnahmen sich Betrug verbergen könnte. Eine Unterstützung, um sich bereits anfangs sicher zu fühlen, geben Ihnen die Hinweise zu den einzelnen Jobs im folgenden Kapitel.

Ehrgeiz wird wichtiger, je größer Ihre Ambitionen sind, durch die Online-Tätigkeit hauptberuflich selbstständig zu werden.[1] Ihr Ehrgeiz ist zugleich Ihr großer Trumpf, weil er neue Ideen fördert. Mit Ehrgeiz gelingt es Ihnen, Dinge so umzusetzen, wie es keine oder kaum andere Personen machen – exakt dies ist ein Faktor, der Millionäre hervorgebracht hat! Heben Sie angesichts dieser Information bitte nicht ab, denn der Weg zum Millionär muss erst beschritten werden, und dieses Buch will keine Millionärsanleitung sein. Aber seien Sie sich zumindest der großen Bedeutung des Ehrgeizes bewusst.

Das **Durchhaltevermögen** profitiert bereits vom Ehrgeiz, sollte aber zusätzlich von Ihnen gefördert werden. Mehrere Ratgeber – es handelt sich um Werke aus dem Bereich der Persönlichkeitsentwicklung – zeigen Ihnen Wege auf, wie Sie durch Methoden wie die Visualisierung und positive Glaubenssätze Ihr Durchhaltevermögen steigern. All die Ratschläge in diesen Büchern sind Hokuspokus – solange Sie selbst dieser Meinung sind. Aber wenn Sie die Ratschläge ernst nehmen, dann helfen diese Ihnen. Also nehmen Sie sie ernst, um Ihr Durchhaltevermögen zu optimieren.

Ehrlichkeit führt auch Elisabeth Mecklenburg in ihrem Buch *Geld verdienen im Home-Office* als wichtiges Kriterium an.[2] Leider wird diese Ehrlichkeit heute viel zu großzügig ausgelegt. Wenn der Kunde oder Auftraggeber nach den Qualifikationen

---

[1] https://coincierge.de/online-geld-verdienen/#Man_sollte_geduldig_und_ehrgeizig_sein
[2] Mecklenburg, E.: Geld verdienen im Home-Office, S. 22.

fragt, werden die eigenen Erfahrungen beschönigt. Diese kleine Flunkerei mag zwar moralisch durchgehen, aber welche Konsequenzen sie für Ihren Auftrag haben wird, ist unberechenbar. Im besten Fall haben Sie Glück. Aber im schlimmsten Fall – dazu kommt es bei mangelnder Ehrlichkeit übrigens meistens – werden Sie mit dem Auftrag überfordert sein, ihn schlecht bewerkstelligen und negatives Feedback erhalten. Am Ende investieren Sie mehr Zeit und Nerven, verdienen aber weniger – selbst gemachte Leiden. Seien Sie also ehrlich, um sich unnötige negative Erfahrungen zu ersparen.

Zuletzt spielt das **Verantwortungsbewusstsein**, das mit der Ehrlichkeit zusammenhängt, eine Rolle. Denn wenn Sie sich dessen bewusst werden, dass Sie ein bedeutendes Rad im großen Getriebe sind und durch Ihre Arbeit der Erfolg von großen oder kleinen Unternehmen beeinflusst werden kann, dann werden Sie ein Verständnis dafür entwickeln, warum es essenziell ist, die eigene Arbeit gut und gemäß den Erwartungen zu bewerkstelligen. In 90 % der Fälle sind Sie bei Online-Tätigkeiten als Selbstständiger tätig. Ein Selbstständiger ist *Verantwortungsbewusstsein in Person*.

Nun ist natürlich niemand unter uns perfekt. Es ist eine Illusion, dass Sie all diese Tugenden sofort einbringen können werden. Jede Person wächst mit der Herausforderung. Wenn Sie dieses Wachstum dankend annehmen und als Fortschritt beim Geld verdienen im Internet ansehen, dann pendelt sich mit der Zeit alles wie von selbst ein.

Zusammenfassung

> ➢ Jede Person findet im Internet passende bezahlte Tätigkeiten. Gehen Sie bei der Auswahl der Tätigkeiten in erster Linie nach Ihren Interessen und Talenten.

Denn wenn Spaß und Talent im Spiel sind, tritt Erfolg beschleunigt ein.

➢ Bei besonders einfachen Tätigkeiten – Umfragen, Produkt-Tests, Gewinnspiele – sind die Perspektiven zum Aufstieg und zur Steigerung des Einkommens in der Regel begrenzt. Jobs, die mehr Kreativität, Talent oder Mühe erfordern, haben im Gegenzug nahezu unbegrenzte Perspektiven zur beruflichen und finanziellen Steigerung.

➢ Geduld, Ehrgeiz und Durchhaltevermögen sind für das Festhalten am eigenen Vorhaben elementar. Zuverlässigkeit, Ehrlichkeit und Vorsicht sind in Kontakt mit Kunden sowie Auftraggebern an den Tag zu legen.

➢ Seien Sie das Verantwortungsbewusstsein in Person!

Wege und Möglichkeiten – Jobs im Überblick

Im Folgenden werden die im ersten Kapitel in der Aufzählung fett markierten Jobs beschrieben. Zu dieser Beschreibung zählen zuallererst die wichtigsten Hinweise zu jedem Job. Diese Hinweise werden in einer Box zu Beginn jeder Jobvorstellung angegeben. Diese Box sieht folgendermaßen aus:

Das Wichtigste in Kürze:
➢ Erste Geldströme
➢ Schwierigkeitslevel
➢ Angebot im Internet
➢ Planungsfreiheit bei der Ausübung

Sie erfahren in der Box, wann Sie die ersten Geldströme bzw. Einkünfte nach Aufnahme der Tätigkeit erwarten dürfen und wie hoch das Schwierigkeitslevel bei der Ausübung einzustufen ist. Die Schwierigkeitslevel sind selbstverständlich äußerst subjektiv, aber um Ihnen einen ersten Eindruck zu verschaffen, wird eine Einschätzung anhand der Wörter „gering" (= ohne Vorkenntnisse und einfache Ausübung), „mittel" (mit und ohne Vorkenntnisse mit ein wenig Übung machbar) und „hoch" (Vorkenntnisse erforderlich und/oder hohe Ansprüche) abgegeben. Darüber hinaus erfahren Sie unter dem Stichpunkt „Angebot", wie gut Sie sich bei der Ausübung des Jobs auslasten und die Zeit füllen können. Der letzte Punkt, die Planungsfreiheit bei der Ausübung, schätzt ein, inwiefern Sie frei nach Ihren persönlichen Vorstellungen bei der Tätigkeit agieren können.

Nach dieser Box mit den einleitend wichtigsten Hinweisen werden im Fließtext genauere Erläuterungen zum Job gegeben, wobei Sie Tipps zur Ausübung des Jobs erhalten. Es werden, wo möglich, Anbieter und Plattformen genannt, auf denen Sie aktiv werden können. Darüber hinaus teile ich Ihnen Erfahrungen aus meinem Leben mit, die ich bei verschiedenen Jobs machen durfte.

Umfragen und Produkt-Tests

Das Wichtigste in Kürze:
- ➤ Erste Geldströme: In wenigen Wochen bei hoher Aktivität
- ➤ Schwierigkeitslevel: Gering
- ➤ Angebot im Internet: Groß
- ➤ Planungsfreiheit bei der Ausübung: Maximal

Umfragen und Produkt-Tests sind weitestgehend anspruchslos. Die Teilnahme an einer Umfrage bzw. der Test eines Produkts werden vergütet. Vor der Auftragsannahme wird das Honorar fest vereinbart. Nach Erfüllung des Auftrags wird Ihnen das Honorar gutgeschrieben. Anschließend dürfen Sie es sich auszahlen lassen, wobei die Vorschriften bei der Auszahlung variieren. Sofern Sie Plattformen nutzen, kann es sein, dass erst ab einem bestimmten Betrag ausgezahlt werden kann. Dieser Betrag wird aber vorher definiert, sodass ausreichend Transparenz gegeben ist. Sowohl Umfragen als auch Produkt-Tests sind in der Umsetzung einfach, wobei die Umfragen am einfachsten sind. Hier müssen Sie lediglich

Fragen beantworten, was durch Auswahl bestimmter Felder geschieht. Produkt-Tests erfordern einen höheren Aufwand, werden im Gegenzug aber fairerweise im Schnitt höher vergütet. Produkt-Tests können beispielsweise darin bestehen, eine Software online zu testen. Dies wäre noch ein geringer Aufwand und mit einer Umfrage vergleichbar. Höher ist der Aufwand bei Produkt-Tests, die die Bestellung eines Produkts mit sich bringen. Meistens darf dieses Produkt zusätzlich zum Honorar behalten werden, was den Ertrag aus der Tätigkeit maximiert.

Umfragen – Anbieter, Vor- und Nachteile, Vergütung

Umfragen werden nur über spezialisierte Anbieter durchgeführt. Zwar kann es auf jeder Website sein, dass der Betreiber eine Umfrage durchführt und Ihnen die Teilnahme an einem Gewinnspiel oder etwas anderes als Belohnung für die Teilnahme in Aussicht stellt. Aber auf solche Websites stoßen Sie zufällig, weswegen ein systematisches Geldverdienen hier nicht möglich ist. Spezialisierte Anbieter jedoch sind bekannt für ein regelmäßiges, zahlreiches und vielfältiges Angebot an Umfragen. Nachdem Sie sich angemeldet haben, dürfen Sie aus einer Liste Umfragen auswählen und durchführen. Einige Anbieter verlangen von Ihnen zunächst, dass Sie ein Profil ausfüllen oder mehrere Fragen beantworten, damit sie Ihnen die passenden Umfragen zuordnen können. Bei diesen Anbietern sind die Kriterien zur Teilnahme an Umfragen oftmals strikt definiert, was die Wahrscheinlichkeit einer möglichen Teilnahme senkt. Aber passen Sie in das Profil, so dürfen Sie auf eine besonders hohe Vergütung bei den Umfragen hoffen. „Besonders hoch" bedeutet im Kontext bis zu 20,00 € pro Umfrage. Die Dauer kann in diesem Zusammenhang bis zu 30 Minuten betragen. Normal sind bei Umfragen Vergütungen zwischen 0,50 € und 5,00 €.

Meine Erfahrungen

Ich durfte erleben, wie anstrengend es ist, in das Anforderungsprofil der speziellen Umfragen mit höherer Vergütung zu gelangen. Auf mehreren Wegen – ich glaube, es waren fünf Anbieter – habe ich mich bemüht, einen besonderen Eindruck zu hinterlassen. Meine Grundvoraussetzungen waren alles andere als schlecht, da ich eine studierte Person mit hohem Allgemeinwissen und vielen Berufserfahrungen war. Die Erfahrung hat gezeigt, dass bei den Umfragen mit besonderen Anforderungen nur Personen ins Profil passen, die Ingenieure, Techniker oder aus ähnlich mathematisch geprägten Berufen sind.

Die Vorzüge von Umfragen liegen im schnellen, sicheren und flexiblen Verdienst. Sicher ist der Verdienst, wenn Sie Umfragen über die renommierten Anbieter durchführen, die Sie gleich kennenlernen werden. Flexibel ist der Verdienst, weil sich Umfragen fast immer auf einem beliebigen internetfähigen Endgerät durchführen lassen. Ob Tablet, Smartphone oder Laptop, ob daheim, in der Praxis während der Wartezeit oder während der Garzeit des Smoker-Grills beim Barbecue – Sie verdienen absolut flexibel Ihr Geld. Es sind zudem keine Fachkenntnisse über das Internet notwendig, denn der Aufbau von Websites für Umfragen ist äußerst nutzerfreundlich.

Unter die Nachteile fallen die Mindestbeträge, ab denen Auszahlungen möglich sind. Nahezu jeder Anbieter für Umfragen sieht Mindestbeträge vor. Dies ist aus Gründen des sonstigen Aufwands aber gut nachvollziehbar. Ein Nachteil kann sein, dass die Auszahlungen nicht immer in Form von Geld erfolgen, sondern auf einigen Umfrage-Websites in Form von Gutscheinen und Prämien. Sofern Ihnen die Gutscheine oder Prämien nicht zusagen, wird es dort problematisch. Ein letzter

Nachteil von Umfragen sind die begrenzten Perspektiven, wenn Sie hoch hinauswollen. Denn mehr als Umfragen auszufüllen, bleibt Ihnen bei dieser Tätigkeit nicht. Dementsprechend ist die Verdienstspanne eingeschränkt, und aufsteigen können Sie karrieretechnisch nicht.

Unter Berücksichtigung der Vor- und Nachteile sind Umfragen denjenigen Personen nahezulegen, die bescheidene Ansprüche an die nebenberufliche Tätigkeit hegen. Dazu gehören alle Menschen, die im Vollzeitjob reichlich eingespannt sind. Des Weiteren sind Personen ohne Arbeit, Studenten, Azubis und Rentner bei der Durchführung von Umfragen gut aufgehoben. Studenten und Azubis können ihre Expertise einbringen, Rentner ihren Erfahrungsschatz.

Anbieterübersicht

Anbieter	Form der Auszahlung	Mindestbetrag zur Auszahlung	Vergütung pro Umfrage	Durchschnittliche Umfragedauer
Toluna[3]	mehrere; inkl. Geld	25,00 €	0,25 – 1,50 €	Wenige Minuten
MoviePanel[4]	mehrere; kein Geld	5,00 €	0,50 – 2,00 €	5 – 20 Min.
Meinungsstudie[5]	nur Gutscheine	20,00 €	0,75 – 7,00 €	5 – 10 Min.
LifePoints[6]	mehrere; inkl. Geld	5,00 €	0,50 – 2,50 €	10 – 30 Min.
Swagbucks[7]	mehrere; inkl. Geld	5,00 €	0,40 – 2,00 €	8 – 25 Min.

[3] https://de.toluna.com/#/
[4] https://www.moviepanel.de/
[5] https://www.meinungsstudie.de/
[6] https://www.lifepointspanel.com/
[7] https://www.swagbucks.com/

LoopsterPanel[8]	Gutscheine & Geld	10,00 €	0,75 – 7,00 €	5 – 20 Min.
Empfohlen.de[9]	Geld	30,00 € / 70,00 €	1,00 – 6,00 €	4 – 30 Min.

Das Verhältnis des Zeitaufwands zur Vergütung ist nicht immer fair. Wer sich auf Umfragen einlässt, muss sich auch auf verschiedene und mit dem Anbieter variierende Bedingungen einstellen. Es ist angeraten, sich auf mehreren Websites anzumelden. Allein schon, um genug tägliche Umfragen zu haben, ist dieser Schritt empfehlenswert. Sie werden bei der Anmeldung merken, dass die meisten der Anbieter neben Umfragen auch Produkt-Tests anbieten. Insbesondere bei empfohlen.de ist dies der Fall.

Hinweis!

Empfohlen.de hat den einen oder anderen Haken: Zum einen ist für eine Auszahlung ab 30 Euro ein neues Konto bei einer Direktbank zu eröffnen, zum anderen erfordern viele der Tests bzw. Umfragen eine Registrierung auf anderen Websites. Wer das Geld auf ein eigenes Konto auszahlen lassen möchte, kann dies erst ab einem Gesamtbetrag in Höhe von 70,00 € veranlassen.

Fühlen Sie sich frei, selbst nach weiteren Umfrageseiten zu suchen. Im Bereich der Umfragen sind die meisten Anbieter seriös. Haben Sie Zweifel an der Seriosität, so stehen Ihnen zu nahezu jedem Anbieter im Internet diverse Testberichte zur Verfügung. In diesen Berichten erwarten Sie auch Informationen zur Anmeldung. Websites mit mehreren und guten

---

[8] https://www.loopsterpanel.de/index.php
[9] https://www.empfohlen.de/

Testberichten sind u. a. testpiloten.info[10] und myStipendium auf der Unterseite über Reviews[11].

Nutzen Sie bei den Umfragen alle Zeitfenster des Tages, in denen Sie nichts zu tun haben, Ihnen langweilig ist oder die Sie speziell für Ihre Nebentätigkeit reserviert haben, dann ist ein Zuverdienst von 100 bis 200 € pro Monat möglich. Dies kann einen Teil der Miete in einer Studenten-WG, nach einigen Monaten einen Auslandsurlaub, Wertpapiere und vieles mehr finanzieren. Somit haben Sie dank Umfragen – in Relation zu derart geringen Ansprüchen – doch ausreichend Perspektiven. Wenn Sie es eher langsam angehen lassen, dürfen Sie sich bei Umfragen immerhin über 20 bis 80 € monatlich freuen. Auf diesen monatlichen Schnitt kommen auch ziemlich unmotivierte und unregelmäßige „Umfrager".

Meine Erfahrungen

Ich war immer eher der Produkt-Test-Fan. Bei Umfragen habe ich nur das mitgenommen, was sich so ergab. Daher kam ich auf 20 bis 30 € monatlich, jedoch nie mehr. Das hört sich nach wenig an, aber andererseits: Wann erhalten Sie schon mal 20 bis 30 € im Monat dafür, dass Sie sich langweilen? Es ist keine Kunst, im Jahr auf mindestens 200 € bei absolut undisziplinierter Ausführung von Umfragen zu kommen. Nun sind Sie dran und können sich entscheiden, es besser als ich zu machen. Rechnen Sie spekulativ einmal nach…

---

10 https://www.testpiloten.info/
11 https://www.mystipendium.de/reviews

Gehen wir von einem Euro pro Umfrage aus. Sie sind bei zehn Anbietern angemeldet. Insgesamt haben Sie zwei Stunden Aufwand täglich, den Sie auf mehrere Sessions splitten – während der Fernsehwerbungen, der Bahnfahrt, der Wartezeit bei Terminen etc. Sie verdienen 10 € pro Tag. Dies entspricht 300 € monatlich. Haben Sie noch Fragen? Machen Sie sich, wenn Sie es ernst nehmen, einen kleinen Plan, wie Sie täglich auf einen angestrebten realistischen Monatsverdienst kommen, und es wird Ihnen auch gelingen.

Produkt-Tests – Anbieter, Vor- und Nachteile, Vergütung

Der Begriff „Produkt" ist breit zu definieren. Produkte können einerseits physische Waren sein. Hierbei geht es beispielsweise um Nahrungsergänzungsmittel, Dekoration, Filme, Bücher und andere greifbare Dinge. Andererseits gehören den Produkten im erweiterten Feld ebenso Software, Websites und Apps an. Somit können Sie bei Produkt-Tests sowohl Produkte testen, die Sie bestellen müssen, als auch solche, die sich bequem über ein digitales Endgerät testen lassen.

Produkt-Tests werden aufgrund des höheren Aufwands als bei Umfragen besser vergütet. Die Ansprüche sind dabei meist dieselben. Entweder müssen Sie nach dem Test Fragen beantworten oder aber selbst eine Bewertung verfassen. Schlussendlich handelt es sich um einen einfachen Job. Was den Aufwand im Vergleich zu Umfragen jedoch steigert, ist der häufig erforderliche Erwerb des Produkts. Nur wenige Produkte (z. B. Websites, Apps) bedürfen eines zu vernachlässigenden Aufwands. Die physischen Produkte jedoch müssen bestellt und empfangen werden, Software wiederum muss zunächst gedownloadet, installiert und genutzt werden.

Vorteilhaft ist aber die Berücksichtigung des Aufwands für die Tester durch den Anbieter. So dürfen die Tester das Produkt häufig behalten. Ist eine Rücksendung gewünscht, so fällt die Vergütung außerordentlich hoch aus. Um die Vergütung beispielhaft zu veranschaulichen: Beim Kauf eines Deko-Artikels erhält der Tester eine Vergütung in Höhe von 2,00 €. Dafür darf er den nagelneuen Deko-Artikel im Wert von 7,99 € behalten. So ergibt sich eine Gesamtvergütung in Höhe von 9,99 €. Bei einem Software-Test darf das Programm nur etwa eine Woche behalten werden, dafür fällt aber eine Vergütung in Höhe von 35,00 € an. Das Programm muss nur eine Stunde genutzt werden, um die Anforderungen des Tests zu erfüllen.

Hinweis!

Nur, weil Sie eine Software lediglich eine Woche nutzen dürfen, bedeutet das nicht, dass Sie dadurch keinen Mehrwert erhalten. Eignen Sie sich für Ihre Online-Tätigkeiten und auch sonst im Leben die Mentalität an, dass sogar die kurze Nutzung eines Programms absolut vorteilhaft ist; schließlich erhalten Sie einen präzisen Einblick in das Programm und sammeln Erfahrungen. Denn wer weiß – vielleicht brauchen Sie ein solches Programm später tatsächlich einmal? Sie wissen für diesen Fall bereits, ohne die gefälschten Testberichte im Internet lesen zu müssen, was das Programm leistet und wie es Ihnen gefällt. Dies beugt Fehlentscheidungen beim Kauf vor. Daraus folgt, dass Sie Geld sparen.

Auf der Seite der Nachteile bei Produkt-Tests steht neben dem angesprochenen minimal erhöhten Aufwand im Vergleich zu Umfragen die Tatsache, dass Sie oftmals in Vorkasse gehen müssen. Machen Sie sich keine Sorgen angesichts der Sicherheit, denn die im Folgenden vorgestellten Anbieter sind seriös und werden Ihnen das investierte Geld samt Honorar rückerstatten. Wie schon bei den Umfragen gibt es darüber hinaus bei den meisten Test-Anbietern Mindestbeträge, die zur Auszahlung des Honorars erreicht werden müssen. Dies lässt sich als ein weiterer Nachteil anführen.

Bei Betrachtung der Vor- und Nachteile wird klar, dass die Zielgruppe für Produkt-Tests etwas eingeschränkter als bei Umfragen ist. Interessierte Personen müssen bei Produkt-Tests einen höheren Aufwand akzeptieren, zudem kann ein Test samt Lieferung des Produkts und/oder Bewertungsabgabe mehrere Tage dauern. Die gesamte Arbeitszeit beläuft sich zwar auf wenige Minuten, aber die Wartezeit zwischendurch wird nicht jeder Person zusagen. Aufgrund der häufig angeforderten Vorauszahlungen ist es nahezu unumgänglich, die Tätigkeit mit einem Anfangskapital von 50 bis 100 € aufzunehmen. Dafür aber ist der Mehrwert größer als bei Umfragen, weil die Belohnung insgesamt lukrativer ist. Die Zielgruppe ist dieselbe wie bei Umfragen – Studenten, Azubis, Arbeitslose, Rentner, Personen mit zeitaufwändigem Hauptberuf –, mit dem feinen Unterschied, dass die jeweiligen Personen diesmal etwas Anfangskapital mitbringen müssen.

Anbieterübersicht

Anbieter	Test-Typen	Mindestbetrag zur Auszahlung	Vergütung pro Test
Testbirds[12]	Apps, Websites, Software, Produkte*	keiner	10,00 – 20,00 €
test IO[13]	Apps, Websites, Software	25,00 €	1,50 – 50,00 €

---

[12] https://www.testbirds.de/
[13] https://test.io/

Testerjob[14]	Software und Produkte	15,00 €	1,00 – 10,00 €
GFK[15]	Produkte, Lebensmittel	keiner	Prämien, Gewinne
Tester Held[16]	Apps, Websites, Finanzprodukte	15,00 €	1,00 – 30,00 €

* Die Produkte müssen einen digitalen Bezug aufweisen. Treffendes Beispiel sind Fitnesstracker.

Die großen Verdienstspannen sind darin begründet, dass die Aufträge variieren. Beispielsweise erfolgt bei test IO eine Vergütung auf Erfolgsbasis. Wenn Fehler in den getesteten Produkten gefunden werden, dann wird je nach Größe und Schwere des Fehlers vergütet. Demnach zieht ein schwerer Fehler eine hohe Vergütung nach sich. Zudem offeriert test IO auch fest definierte Verdienste für die Abgabe von App-Bewertungen. Bei Tester Held ist viel Vorsicht geboten, denn bei den Finanzprodukten im Test-Angebot des Anbieters geht es meistens nur darum, Abonnements oder Versicherungen abzuschließen. Dies ist im Prinzip fast schon eine Täuschung der Tester. Die App- und Website-Tests bei Tester Held sind immerhin fair und gut vergütet. Bei GFK geht es nicht um das Testen von Produkten, sondern um das Einscannen der eigenen Einkäufe. Angesichts der Tatsache, dass sowieso Geld für Dinge des täglichen Bedarfs ausgegeben wird, ist es vorteilhaft, Prämien und Gewinne dafür erhalten zu können. Zum Verdienst ist das Angebot von GFK aber weniger geeignet. Einige Anbieter – aus der Tabelle ist dies bei Testerjob der Fall – bieten an, durch Google-Bewertungen für Unternehmen Geld zu verdienen. Durch das Verfassen von fünf Sätzen und einer

---

14 https://testerjob.net/
15 https://www.machmit.gfk.com/de
16 https://testerheld.de/

Fünf-Sterne-Bewertung einen oder zwei Euro zu verdienen, ist nicht verkehrt und eine nette Erweiterung des Test-Angebots bei Testerjob.

Wie bei den Umfragen dürfen Sie sich auch für weitere Produkt-Tests selbst auf die Suche nach Tester-Websites machen, aber die Auswahl an qualitativen und seriösen Anbietern ist in diesem Segment tatsächlich sehr gering. Setzen Sie sich deswegen vor jeder Anmeldung genau mit dem Anbieter auseinander und prüfen Sie seriöse Bewertungen sowie Testberichte zum jeweiligen Anbieter. Da Sie bei den meisten Tests in Vorkasse gehen müssen, ist hier mehr Vorsicht als bei Umfrage-Anbietern geboten. Sollten Sie bei einem Anbieter für die Anmeldung Geld bezahlen oder zu Beginn aus anderen Gründen einzahlen müssen, dann nehmen Sie immer Abstand von diesem Angebot; Vorkasse ist in Ordnung, aber immer nur beim Kauf der zu testenden Produkte auf den offiziellen Verkaufsseiten (z. B. Amazon, Ebay).

Verkaufen Sie die Produkte nach dem Test, wenn sie Ihnen nichts nutzen. Sofern es sich um keine Nahrungsmittel, Tabletten oder Ergänzungspräparate handelt, werden Sie die Produkte auf Handelsplattformen wiederverkaufen dürfen. Für einen eigenen E-Commerce mit Webshop reicht es zwar nicht, aber durch den Wiederverkauf der Produkte noch mehr Geld zu erhalten, treibt die Gewinne durch die Tätigkeit als Produkttester weiter nach oben.

Wenn Sie ambitioniert sind, dann führen Sie viele Tests gleichzeitig durch und setzen zwischendurch mehr Kapital ein. Dies steigert Ihre Erträge. Ohne den Wiederverkauf der Produkte kommen Sie immer noch auf einige Hundert Euro pro Monat, wenn Sie diszipliniert arbeiten. Mit dem Verkauf der Produkte können Sie nach einem Monat 400 bis 500 Euro erlösen. Dies sind für Personen, die nebenbei ein bisschen dazuverdienen möchten, beachtliche Beträge. Auch hier ist empfohlen, dass Sie sich bei mehreren Anbietern für Produkt-Tests anmelden, um das Optimum an Einkommen und Tests zu erhalten.

Meine Erfahrungen

Produkt-Tests habe ich geliebt! Jetzt lohnen Sie sich zeitlich leider nicht mehr. Das Aufwand-/Nutzen-Verhältnis spricht in meinem Fall mittlerweile gegen Produkt-Tests. Zu meiner „Produkt-Tester-Zeit" habe ich bereits gut verdient und wollte eine Tätigkeit nebenbei ausüben, bei der ich möglichst wenig Mühe habe, aber zugleich bestens unterhalten bin. Nun sind die Produkt-Tests an sich nichts Anspruchsvolles. Aber was mich fasziniert hat, war der Blick in die freien Aufträge bei Testerjob: Jedes Mal neue Produkte, und ich konnte zwischen Büchern, Filmen, Nahrungsergänzungsmitteln und vielem mehr wählen! Zwar waren einige Produkttypen ungewöhnlich, wie beispielsweise Filme und Bücher, aber an Abwechslung mangelte es nicht. Ich hatte somit immer ein Honorar, Produkte, die ich behalten durfte und von denen ich überrascht wurde, sowie eine einfache Tätigkeit. Durch meine Mitgliedschaft bei Amazon Prime war der Versand stets kostenlos, was notwendig ist, um einen Gewinn zu fahren. Ich hatte jeden Monat knapp 300 €, die ich in Produkte gleichzeitig investierte, um insgesamt auf einen vernünftigen Monatssatz zu kommen. Knapp 200 € und die Rückerstattung der investierten Beträge habe ich erhalten. Und manchmal schlummerte unter den Produkten, die ich behalten durfte, ein richtiger Schatz. Ein ideales Beispiel ist das Video- und Audiobearbeitungsprogramm für meinen Laptop, das neu normalerweise knapp 125 € kostete.

Gewinnspiele

Das Wichtigste in Kürze:
- ➢ Erste Geldströme: Wenige bis mehrere Monate bei hoher Aktivität
- ➢ Schwierigkeitslevel: Gering
- ➢ Angebot im Internet: Groß
- ➢ Planungsfreiheit bei der Ausübung: Maximal

Die Gewinnspiele sehen wir uns nur oberflächlich an, weil es sich erstens nicht um einen klassischen Job handelt und zweitens der Eintritt der Gewinne unberechenbar ist. Zwar ist auch beim Affiliate-Marketing sowie anderen Geschäftsmodellen, die Sie in diesem Ratgeber kennenlernen, ein Verdienst nicht garantiert, aber die Wahrscheinlichkeit zu verdienen, ist höher als bei Gewinnspielen.

Nichtsdestotrotz werden Gewinnspiele vorgestellt, weil regelmäßiges und systematisches Gewinnen durchaus möglich ist. Ein optimales Beispiel dafür ist Johannes Zakel aus Nürnberg, über dessen Erfolg im SAT1 Frühstücksfernsehen berichtet wurde.[17] Er ist jung, aber hat über Online-Gewinnspiele bereits mehr als 400 Gewinne einstreichen können, die sich in ihrem Gesamtwert im fünfstelligen Bereich bewegen. Zum Gewinnspielen hat er gefunden, als er während seines Studiums eine Reise nach Australien gewann. Dies wertete er als Zeichen, das Studium abzubrechen. Seitdem geht er nur Jobs nach, wenn er Lust hat. Ansonsten lebt er vom Gewinnspielen.

Wenn Sie sich rein auf das online Geldverdienen ausrichten, dann kommen für Sie nur die Internet-Gewinnspiele unter den

---

[17] https://www.youtube.com/watch?v=ldOXtLV7mos

Gewinnspielarten in Frage. Immerhin haben Gewinnspiele im Internet mehrere Vorteile bei nur wenigen Nachteilen.

Zur Riege der Vorteile gehört, dass Sie kaum Zeit investieren müssen. Die Online-Formulare zur Teilnahme lassen sich durch das Auto-Fill-In schnell ausfüllen. Wenn Sie die einzelnen Gewinnspiele schnell finden können, ist es denkbar, in einer halben Stunde eine beachtliche Menge an Gewinnspielen abzuarbeiten. Das Ausfüllen der Formulare ist auf nahezu jedem Endgerät möglich, wobei allem voran über das Smartphone eine optimale Nutzung gewährleistet ist. Rein theoretisch können Sie während Ihrer Zug- oder Busfahrt zur Arbeit, Universität oder zu einem anderen Ort Ihre tägliche Gewinnspielteilnahme durchführen. Ohne kognitiven oder zeitlich nennenswerten Aufwand, wird nebenbei das tägliche Soll an Gewinnspielteilnahmen erfüllt. Sie finden im Internet zudem ein enormes Angebot an Gewinnspielen vor. Sie müssen kein Geld investieren, um an Gewinnspielen teilzunehmen. Was die wenigsten wissen: Durch die Teilnahme an mehreren Dutzend oder sogar Hunderten Gewinnspielen pro Tag gelingt es Ihnen, die Chancen auf Gewinne beträchtlich zu erhöhen. Nicht anders machen es die Personen, die vom Gewinnspielen leben.

Nachteilhaft wiederum ist die Tatsache, dass Sie warten müssen, bis die ersten Gewinne eintreten. Garantien dafür, dass Sie regelmäßig Gewinne erwirtschaften, gibt es keine. Das Gesetz der hohen Menge führt zu einer Steigerung der Gewinnchancen im Internet, was aber durch die große Konkurrenz ein Stück weit zunichte gemacht wird. Diese Nachteile wären alle noch hinzunehmen und sehr gut zu verkraften. Aber die vielen unseriösen Anbieter, die Ihren E-Mail-Account später mit gefälschten Gewinnen „zuspamen", erschweren die erfolgreiche Gewinnspiel-Teilnahme im Internet.

31

Letzten Endes ist das Gewinnspielen kein Job. Dennoch können Sie damit langfristig viele hochwertige Preise abräumen, Bargeld gewinnen und unter Umständen sogar einen aussichtsreichen Nebenverdienst erzielen. Gerne dürfen Sie sich daran versuchen. Bedenken Sie aber, dass Sie sich einen kostenlosen E-Mail-Account anlegen sollten, den Sie nur für Gewinnspiele nutzen. Dann wird Ihr privater E-Mail-Account nicht mit Spam- und Werbemails übersät. Das ist ein erster wichtiger Punkt. Außerdem sollten Sie über mindestens sechs Monate konsequent 30 bis 60 Minuten täglich in das Ausfüllen der Online-Formulare zur Gewinnspiel-Teilnahme investieren. Nur so lässt sich gewährleisten, dass durch die hohe Menge an Gewinnspielteilnahmen realistische Gewinnchancen bestehen. Dokumentieren Sie nach Möglichkeit die Gewinnspielteilnahmen durch Screenshots oder handschriftlich, um den Überblick in der Fülle an Gewinnspielen zu behalten. Prüfen Sie jeden Anbieter durch Impressum und Website dahingehend, ob es sich um ein seriöses Gewinnspiel handelt. Hilfreiche Plattformen, die Ihnen die besten und (fast) ausschließlich seriöse Gewinnspiele zusammentragen, sind Einfach-Sparsam.de[18], Gewinnspieletipps.de[19], Gewinnspiele Markt[20], sparwelt.de[21] und KOSTENLOS.de[22]. Einige der genannten Websites verstehen sich als umfassende Sparportale mit einem Angebot, das über Gewinnspiele hinausgeht. Sehen Sie sich einfach einmal auf den Websites um, um sich einen Überblick über den weitreichenden Nutzen der vielen Plattformen zu verschaffen.

---

[18] https://www.einfach-sparsam.de/
[19] https://gewinnspieletipps.de/
[20] https://www.gewinnspiele-markt.de/
[21] https://www.sparwelt.de/
[22] https://www.kostenlos.de/

Letztlich ist zum Gewinnspielen festzuhalten, dass es sich für nahezu alle Personengruppen eignet. Einzig und allein absolute Realisten und Personen, die zeitlich massiv eingeschränkt sind und lieber das wenige an Freizeit in eine definitiv gewinnbringende Online-Tätigkeit investieren wollen, sind beim Gewinnspielen falsch aufgehoben. Wer jedoch gern eine halbe Stunde am Tag mobilisiert und dem Gefühl, in einigen Monaten eventuell von einem Gewinn überrascht zu werden, offen gegenübersteht, der darf sein Glück versuchen.

Den überzeugenden Aussichten und dem geringen Anfangsaufwand zum Trotz, sollten Sie dennoch bemüht sein, zu Beginn anderweitig aktiv zu werden, um **entweder** die ersten sicheren Euro zu verdienen **oder** ein nachhaltiges System für passives Einkommen aufzubauen. Was Sie nachher machen, ist natürlich Ihnen überlassen. Aber anfangs ist es ratsam, Ihre Zeit in sicherere oder beständigere Dinge als das Gewinnspielen zu investieren.

Domainhandel

Das Wichtigste in Kürze:
- ➢ Erste Geldströme: Wenige Wochen bis mehrere Monate
- ➢ Schwierigkeitslevel: Mittel
- ➢ Angebot hochwertiger Domains: Gering
- ➢ Planungsfreiheit bei der Ausübung: Maximal

Beim Domainhandel wird mit Internet-Adressen gehandelt. Es geht dabei also um die im URL-Fenster eingetippten Adressen, über die verschiedene Websites erreicht werden: www. DomainXY.de, www.DomainXY.com und www.DomainXY. net wären Beispiele, wobei es sich bei allen dreien um frei erfundene Platzhalter handelt. Wenn Sie schon einmal versucht haben, eine Website zu erstellen, dann wird Ihnen vielleicht aufgefallen sein, dass nicht alle Domainnamen verfügbar sind. Dies ist kein Wunder, schließlich gibt es diverse Branchen und Unternehmen, die um die kompaktesten und treffendsten Domainnamen konkurrieren. Wem es gelingt, sich die Domain „ernährung.de" zu sichern, die aktuell (Stand: April 2020) zum Verkauf steht, der darf sich über eine starke Domain für sein Geschäft freuen. Der Verkäufer der Domain an den neuen Besitzer wiederum darf über einen Ertrag im fünfstelligen oder sechsstelligen Bereich jubeln. Wir schlüpfen in diesem Abschnitt in die Rolle des Verkäufers.

Möglichkeiten, eine Domain zu erwerben

Vor dem Verkauf und Gewinn steht der Erhalt einer Domain. Sie können schließlich nichts verkaufen, was Sie nicht besitzen. Es gibt drei Möglichkeiten, um in den Besitz von Domains zu gelangen: Als Reseller, per Domain-Snapping oder durch den Kauf bei Providern.

Beim Reselling kaufen Sie an und verkaufen anschließend zu einem höheren Preis. Dies bedeutet, dass Sie auf der Suche nach Schnäppchen sind, um unterbewertete Domains günstig zu erhalten. Diese Schnäppchen verkaufen Sie anschließend über Domainbörsen oder durch Werbemaßnahmen. Dazu aber im nächsten Abschnitt mehr.

Das Domain-Snapping ist teuer. Sie suchen sich einen professionellen Dienstleister, der für Sie die Domain snappt. Zu snappen bedeutet, darauf zu warten, bis eine Domain abgelaufen ist und diese sofort zu kaufen. Selbstverständlich können Sie auch selbst nach Domains Ausschau halten, die kurz vor dem Auslaufen sind, und sich diese sichern. Aber die ertragreichen und kompakten Domainnamen werden Ihnen die professionellen Snapper vor der Nase wegschnappen.

> **Tipp!**
>
> Sollten Sie bereit sein, einiges an Kapital einzubringen, und das Snapping von Domains zu forcieren, so ist es lohnend, wenn Sie ausschließlich mit den größten und zuverlässigen Anbietern zusammenarbeiten. Beispiele für solche Anbieter sind NameJet[23], GoDaddy[24] und SnapNames[25]. Der Vorteil bei GoDaddy ist beispielsweise, dass es sich zugleich um einen Registrar/Provider handelt, bei dem Sie völlig neue und noch unbenutzte Domains registrieren können.

Die dritte und einfachste Option ist der Kauf einer neuen Domain bei Providern. Vielleicht finden Sie einen wertvollen Domainnamen, der noch frei ist, und sichern ihn sich für spotthafte 20 Cent im Monat? Aufgrund des mittlerweile regen Domainmarktes ist die Verfügbarkeit hochwertiger Domains gering und es bestehen für Sie eher Aussichten, Domains mit kleinem Potenzial bei Providern zu registrieren.

Wie wertvoll können Domains sein?

Die Beträge für Domains reichen bis ins Siebenstellige hinein. Der höchste Kaufbetrag in der Geschichte von Domains war knapp 12 Millionen US-Dollar für die Domain „Sex.com". Da dieser Betrag zum Teil über Aktien finanziert wurde, ist er allerdings nicht der größte Barbetrag beim Kauf einer Domain.

---

[23] http://www.namejet.com/
[24] https://de.godaddy.com/
[25] https://www.snapnames.com/

Dieser liegt bei 9,5 Millionen US-Dollar für die Domain „Porn.com".[26]

Sind jetzt etwa ausschließlich die Plattformen, die auf pornografische Inhalte und Erotik verweisen, wertvoll?

Nein. Allerdings sind hier die Preise im umfangreichen Vergleich am höchsten. Begründen lässt sich dies mit der großen Zielgruppe und der Tatsache, dass beispielsweise die oben genannten Domains leicht durch Zufall gefunden werden können. Ebenso wie diese Beispiele sind andere Domains so präzise, dass sie, schon von Natur aus, beste Voraussetzungen für eine Vielzahl an Besuchern mit sich bringen.

Es geht immer darum, einen Domainnamen zu haben, der ein möglichst bekanntes Thema (z. B. Kredite, Ernährung, Sport) beschreibt. Je eher sich dieses Thema monetarisieren lässt, umso mehr Geld werden Käufer, die die Website für sich wollen, für den Domainnamen bezahlen. Die Endungen „.de" und „.com" sind die beliebtesten und wertvollsten. „.net" lässt sich ebenfalls gut verkaufen, wie Erfahrungen zeigen. Komplizierter wird es mit Domainendungen, die äußerst neu und speziell sind, wie beispielsweise „.beauty".

Die Beträge, die Sie sich beim Großteil der noch freien und nicht besetzten Domains erhoffen sollten, bewegen sich im drei- und vierstelligen Euro-Bereich. Pro Domain können Sie also einige Hunderte oder einige Tausende Euro erhalten. Da die bekannten und populären Begriffe aufgebraucht sind, müssen Sie sich darauf ausrichten, Trends rechtzeitig zu erkennen und die passenden Domains aufzukaufen. Oder aber Sie suchen tatsächlich über das Reselling nach Domains

---

[26] https://www.zdnet.de/39154608/porn-com-fuer-9-5-millionen-dollar-verkauft/

mit populären Schlagworten und kaufen diese an, wenn sie gerade erschwinglich sind, um sie teurer zu verkaufen. Was Sie vermeiden sollten, ist eine Registrierung oder Investition in unspezifische oder besonders lange Domainnamen. Für eine Domain wie „budapester-mit-rahmennaht.de" werden Sie – wenn überhaupt – nur Käufer für ein paar Euro Kaufbetrag finden.

Wo findet man Domains?

Möchten Sie neue Domains registrieren, dann finden Sie bereits über eine einfache Google-Suche im Internet Angebote ab 8 Cent monatlich pro Domain. Diese Angebote weisen zwar alles andere als eine starke Performance auf, aber das ist nicht weiter schlimm, da Sie unter dem Domainnamen nur eine Homepage führen werden, die Sie als Verkaufsschild nutzen.

Fürs Reselling sind Plattformen verfügbar. Eine der bekanntesten Plattformen ist sedo[27]. Hier sind Kauf und Verkauf sowie Domain-Parking möglich. Beim Domain-Parking handelt es sich um ein Vorgehen, bei dem Sie auf Ihrer Domain – die Sie sowieso nur zum Verkauf stellen und nicht selbst benutzen – Werbung schalten lassen. Solange, wie die Domain zum Verkauf steht und noch nicht verkauft ist, verzeichnen Sie also passives Einkommen durch Werbung.

---

[27] https://sedo.com/de/

Großartige Domains für große Ideen

Finden Sie die perfekte Webadresse - oder verdienen Sie Geld mit Ihren eigenen Domains. Auf dem weltgrößten Marktplatz für Webadressen!

Showcase Domains >		Bald endende Auktionen >		Featured Domains >	
ccmail.de		in8n.com		best.store	
yd.app		0neo.com		coffee.store	
cenot.me		ads2pitch.net		smart.tech	
breathingmask.com		cleanytuts.com		streaming.tech	

Quelle: sedo.de[28]

Die Startseite von sedo bietet Ihnen eine Übersicht über einige Zahlen zu Domains. Ein Abschnitt über Markt-Trends sowie weiteres Infomaterial im unteren Verlauf der Startseite inspirieren Sie und sind Ihnen in den ersten sowie weiteren Schritten beim Domainhandel eine Hilfe.

Außer sedo ist die Plattform Moniker[29] ein bekannter Handelsplatz für Domains. Weitere Domainbörsen finden Sie ohne jegliche Probleme über die Google-Suche. Zudem ist ein Domain-Handel über Ebay möglich.

Tipps und Tricks für den Domainhandel

Sofern Sie die ersten Schritte im Domainhandel erwägen, sollten Sie bedenken, dass eine Domain, sobald sie registriert ist, monatlich Geld kostet. Wählen Sie daher den Provider maximal günstig. Strato und Ionos bieten Domainnamen zu fairen Konditionen an. Achten Sie bei der Registrierung von Domains darauf, Trends aufzuschnappen:

---

[28] https://sedo.com/de/
[29] https://www.moniker.com/

*Sind neue Wissenschaften im Kommen? Wurden neue, vielver-
sprechende Produkte geschaffen? Ist ein neuer künstlerischer
oder modischer Stil im Umlauf?*

Fragen wie diese helfen Ihnen dabei, Trends aufzuspüren.
Meistens wird es aber selbst für diese Trends und die rein spe-
kulative Suche nach geeigneten Domainnamen zu spät sein,
da professionelle Dienstleister und Snapping-Unternehmen
diese Begriffe schnell besetzen. Daher werden Sie für eine
höhere Wahrscheinlichkeit kaum daran vorbeikommen, im
Internet SEO-Tools (Programme, die Analysen zu angesagten
Suchbegriffen aufführen) zu nutzen, um Trends rechtzeitig
aufzuschnappen. Mehr dazu erfahren Sie im Abschnitt über
das Online-Marketing.

Hinweis!

Beim Registrieren von Domains sowie deren Kauf dürfen keine Markenrechte verletzt werden. Dies bedeutet,
dass Sie keine bestehenden Markennamen verwenden
dürfen. Ebenso ist es untersagt, die Namen absichtlich
falsch zu schreiben (z. B. Jahoo anstelle von Yahoo) oder
an geschützte Marken eine zusätzliche Endung anzufü-
gen (z. B. nivea-online.de).[30] Grundsätzlich bewahrt Sie
bereits der gesunde Menschenverstand und eine Suche
nach bekannten Marken im Internet vor solchen Fehlern.
Zuzüglich steht Ihnen ein kostenpflichtiger, professioneller Markencheck bei domainGuard[31] zur Verfügung.

---

[30] https://domain-recht.de/domain-handel/goldene-regeln-fur-
den-domain-handel
[31] http://www.domainguard24.com/

Gehen wir davon aus, dass Sie Ihre Domain gefunden haben und verkaufen möchten. Oder anders: Sie möchten ein Schnäppchen ankaufen und dieses verkaufen. Woher wissen Sie, welche Preise normal sind und wann von einem Schnäppchen die Rede sein kann? Wie ermitteln Sie vernünftige Preisspannen in einem Markt, der nicht einheitlich reguliert ist? In der Tat ist diese Frage nur intuitiv zu beantworten. Schauen Sie sich auf den Handelsplattformen um und vergleichen Sie die Preisspannen. So wird es Ihnen gelingen, halbwegs zuverlässig zu evaluieren, ob Sie gerade ein Schnäppchen landen, angemessen teuer verkaufen und/oder wirklich das Optimum aus dem Geschäft schöpfen. Es ist notwendig, dass Sie erst ein bisschen die Preisstrukturen lernen, ehe Sie mit dem Handel beginnen. Aber kostengünstig neue Domains registrieren, die vielversprechend sein könnten – damit können Sie schon heute mit Erfolgsaussichten loslegen! Es ist am besten, wenn Sie sich erst einmal auf ein bis drei Branchen spezialisieren, um passend zu diesen Branchen ein Portfolio aus Domainnamen zusammenzustellen.

Optimal für Analytiker und Statistiker

Der Domainhandel ist optimal für mathematisch und analytisch veranlagte Personen. Das ständige Studium der Preise, der Marktentwicklungen, der Vergleich von Domains sowie die Auswertung von Ergebnissen aus SEO-Programmen verlangen eine gewisse Affinität zu Zahlen. Außerdem ist Geduld geboten, denn wer langfristig mit dem Domainhandel Gewinne einfahren möchte, muss zunächst Domains sammeln und warten, bis Angebote kommen. Bei langfristiger nebenberuflicher Übung und Praxis ist der Domainhandel eine sichere Einnahmequelle, aber bis die ersten Euro fließen, kann es dauern. Im Gegenzug sind die Perspektiven unbegrenzt!

Ideale Zielgruppe für diese Online-Tätigkeit sind Personen, die gern über Trends auf dem Laufenden bleiben, Analysen und

Statistiken mögen, Geduld mitbringen und obendrein ein paar Euro monatlich für die Haltung eines Domainportfolios entbehren können.

Virtuelle Assistenz

Das Wichtigste in Kürze:
- Erste Geldströme: Wenige Wochen
- Schwierigkeitslevel: Mittel
- Angebot an Tätigkeiten: Mittel
- Planungsfreiheit bei der Ausübung: Eingeschränkt

Virtuelle Assistenten sind Personen, die von Auftraggebern beauftragt werden, um bestimmte Tätigkeiten auszuführen, für die die Auftraggeber keine Zeit haben. Da es sich um einen **virtuellen** Assistenten handelt, ist keine Ausübung vor Ort notwendig. Stattdessen wird der Job über das Internet auf digitalem Wege erledigt. Die Auftraggeber sind häufig Manager und Top-Verdiener oder vielbeschäftigte Selbstständige, die abwägen, welche Tätigkeiten ausgelagert werden können/sollen, und dafür fähige Assistenten suchen. Die Tätigkeit als VPA erlangte mit dem Bestseller *The 4-Hour Workweek* von Tim Ferris einen Bekanntheitsschub. In seinem Werk beschreibt Ferris, wie er den Sprung von einer 16-Stunden-Woche zu einer 4-Stunden-Woche durch die Unterstützung eines virtuellen Assistenten schaffte.

In den USA sind virtuelle Assistenten weit verbreitet, Deutschland hinkt in diesem Punkt noch leicht hinterher. Dementsprechend ist das Angebot an Tätigkeiten im Internet mittelmäßig. Folglich müssen Sie damit rechnen, dass es einige Wochen Arbeit nach sich ziehen wird, bis Sie sich die ersten

Kunden oder einen Kundenstamm erarbeitet haben. Danach ist jedoch von regelmäßigen Zahlungen und ausreichend Tätigkeiten auszugehen.

Anforderungen und Ablauf

Personen, die sich schon immer eine Tätigkeit als Sekretär oder Sekretärin vorgestellt haben, sind bei der Virtuellen Assistenz definitiv richtig aufgehoben. Denn die Tätigkeit als virtueller Assistent zieht die Erledigung typischer Sekretärsaufgaben nach sich. Dazu zählen Terminplanung, Korrespondenz, Datenbankplanung, Kundenkommunikation. Allerdings – und genau deswegen ist die Virtuelle Assistenz so beliebt – reicht die Bandbreite der möglichen Aufgaben noch weiter: Grafikdesign, Pflege der Webpräsenz, Texterstellung, Social-Media-Marketing.[32] Somit ist die Zielgruppe bei weitem nicht nur auf amtierende oder anstrebende Sekretäre begrenzt. Ferner sind hier alle Personen gut aufgehoben, die gern ausgelagerte Arbeiten übernehmen und das Geschick für mehrere Tätigkeiten gleichzeitig haben.

Sollten Sie im Grafikdesign, in der Texterstellung sowie in den aufgezählten klassischen Sekretärsaufgaben versiert sein, so haben Sie ein gutes Portfolio an Fähigkeiten, mit dem Sie schnell Kunden finden werden. Bestehen Ihre Fähigkeiten hingegen nur im Grafikdesign, dann lohnt sich die Virtuelle Assistenz nicht. Spezifisch auf Grafikdesign ausgerichtete virtuelle Assistenten werden selten gesucht. Auftraggeber benötigen Assistenten, die imstande sind, mehrere anfallende Aufgaben zu erledigen. Dadurch entfällt der organisatorische Aufwand, jedes Mal neue Assistenten suchen zu müssen. Sollten Sie nur in einem Spezialgebiet versiert sein, so lohnt es sich, dass Sie speziell in diesem Bereich nach Tätigkeiten suchen: Im Grafikdesign,

---

[32] Twickler, Y.: Geld verdienen im Internet, S. 29.

in der Textverfassung, im Social-Media-Marketing u. Ä. So erhalten Sie immer Aufgaben, die Ihnen liegen. Dadurch erledigen Sie die Arbeit schneller und besser, was letzten Endes zu einem höheren Gehalt beiträgt.

Halten wir fest: Zur Tätigkeit als virtueller Assistent müssen Sie bereit sein, typische Sekretärsaufgaben zu übernehmen. Diese bestehen in der Terminplanung, Korrespondenz, Datenbankplanung sowie Kundenkommunikation. Bringen Sie diese Bereitschaft mit und fühlen sich fähig, diesen Aufgaben nachzukommen, so sind die Grundvoraussetzungen geschaffen. Wenn Sie zusätzlich noch spezielle Fähigkeiten mitbringen und sich aus der Masse der Assistenten abheben, weil Sie beispielsweise ansprechende Texte verfassen oder beeindruckende Grafiken erstellen, dann bestehen die besten Chancen, sich gegen die Konkurrenz der Bewerber durchzusetzen und den Zuschlag für einen Job zu erhalten.

Es ist vorteilhaft, wenn Sie Erfahrungen in den verschiedenen Tätigkeitsbereichen mitbringen. An dieser Stelle sei nochmals die Relevanz von Ehrlichkeit betont. Vor allem bei der Bewerbung um eine Tätigkeit als virtueller Assistent ist Ehrlichkeit ein Kernfaktor. Sollten Sie hier nämlich flunkern und den großen Grafikdesigner vorgeben, aber in Wirklichkeit keine Erfahrung bei der Erstellung von Grafiken haben, macht es sich bemerkbar. Nehmen Sie es gegebenenfalls hin, dass Sie eine oder zwei Aufgabenfelder des Auftraggebers nicht abdecken können. Vielleicht bekommen Sie den Zuschlag trotzdem, vielleicht auch nicht; es ist ungewiss. Aber was gewiss ist, ist die Tatsache, dass Ihnen ein unzufriedener Auftraggeber nichts bringen wird; außer negative Erfahrungen, Entmutigung und Zeitverlust.

Wir halten weiterhin fest: Bei der Virtuellen Assistenz wird es aufgrund des hohen Umfangs einiger Jobangebote dazu kommen, dass Sie bei einer von zig verlangten Tätigkeiten mit dem Gedanken spielen werden, zu flunkern, um dem Auftraggeber als der perfekte Assistent zu erscheinen. Unterlassen Sie dies und nehmen Sie es in Kauf, nicht jeden Job erhalten zu können. Unter Umständen erweist sich der Auftraggeber als kulant und weist Sie in eine Tätigkeit ein oder Sie arrangieren sich anderweitig mit ihm, um den Zuschlag für den kompletten Job zu erhalten.

Wenn Sie als virtueller Assistent tätig sind, dann haben Sie mehrere Auftraggeber und somit mehrere „Chefs". Der Begriff „Chef" wird in Anführungsstriche gesetzt, weil Sie zwar freiberuflich und dadurch selbstständig tätig sind, aber dennoch die Anforderungen des Auftraggebers umsetzen müssen. Gewissermaßen sind Sie also weisungsgebunden, was als Nachteil der Virtuellen Assistenz angeführt werden kann. Sobald Sie mehrere Auftraggeber gefunden haben, die Ihnen regelmäßig Aufträge zuspielen, dürfen Sie von einem regelmäßigen Einkommen ausgehen. Ihre Mühe in der Akquise von Aufträgen entscheidet, wie viele „Chefs" Sie finden und wie schnell Sie diese finden. Nach wenigen Monaten kann es durchaus sein, dass Sie genug Auftraggeber für ein Einkommen von 600 € im Monat finden. Bei nur einem gefundenen Auftraggeber monatlich, kann es, sofern dieser Ihnen Aufträge für acht bis zehn Stunden Arbeit im Monat zuspielt, zu einem Einkommen von immerhin 150 bis 250 € monatlich reichen. Denn die Stundenlöhne für virtuelle Assistenten liegen im Schnitt bei 10 bis 20 €, sofern die Tätigkeit selbstständig und freiberuflich ausgeübt wird.

Akquise

Derweil hängt die Verfügbarkeit von Aufträgen davon ab, welche Qualifikationen Sie aufweisen und welche Akquisewege Sie nutzen – je mehr von beidem, desto besser ist es für Ihren beruflichen Erfolg. Die einfachsten Akquisewege für Anfänger bestehen in der Suche auf spezialisierten Websites, die Unternehmen sowie Einzelpersonen virtuelle Assistenten vermitteln.

> **Tipp!**
>
> Nicht professionell, aber potenziell aussichtsreich, ist die Suche nach Jobs in der Virtuellen Assistenz auf ebay Kleinanzeigen und dem Schwarzen Brett im Jobbereich. Beide Internetseiten offerieren hin und wieder Angebote, worunter sich aber auch unseriöse Anbieter finden lassen. Hier ist Menschenkenntnis gefragt: Macht sich nur ein Indiz für Seriositätsmangel bemerkbar, ist von der Annahme eines Jobangebots abzusehen.

Anbieterübersicht

Anbieter	Zu erwartender Stundenlohn	Jobangebot
eAssistentin[33]	6,49 €	✓ Groß ✓ Keine Eintrittsbarrieren
my-vpa.com[34]	10,00 – 25,00 €	✓ Groß ✓ Grafische Arbeiten für höhere Stundenlöhne
strandschicht.de[35]	7, 00 – 12,00 €	✓ Groß ✓ Auch Marketing und Übersetzungsarbeiten inbegriffen
Freiarbeiter[36]	12,00 – 20,00 €	✓ Begrenzt ✓ Hohe Eintrittsbarrieren durch geforderte Qualifikationen

---

[33] https://www.eassistentin.de/
[34] https://www.my-vpa.com/
[35] https://strandschicht.de/
[36] http://freiarbeiter.com/

manage my business[37]	12,00 – 15,00 €	✓ Groß ✓ Rein auf in Deutschland arbeitende Assistenten ausgerichtet, weswegen weniger Konkurrenz besteht

Je anspruchsvoller die Anforderungen einer Agentur an die Assistenten sind und je weniger ausländische Kräfte aufgrund der Billiglöhne das Preisniveau drücken, umso besser ist es für Sie. Haben Sie besondere Qualifikationen und sprechen Sie mehrere Sprachen, dann sollten Sie gezielt auf die Agenturen aus der Tabelle zugehen, die höhere Löhne zahlen. Weisen Sie weniger Qualifikationen oder Erfahrungen in den notwendigen Bereichen auf, dann backen Sie zu Beginn kleinere Brötchen. Mit der Zeit ändern sich die Möglichkeiten.

Was mit der Zeit wichtiger wird, ist die Erweiterung der Akquisewege. Dazu ist eine eigene Webpräsenz die beste Methode. Sofern Sie lokale Suchmaschinenoptimierung betreiben, Werbeanzeigen schalten und die Website gut mit Inhalten füllen, können Sie auf diesem Wege direkt an Unternehmen und Einzelpersonen gelangen. Dann sind Stundenlöhne von 40 € aufwärts nicht unwahrscheinlich. Zwei Beispiele für Websites von virtuellen Assistentinnen sind die von Julia Köhne[38] und Dana Berg[39].

---

[37] https://www.manage-my-business.de/
[38] https://www.juliakoehne.com/
[39] https://www.dana-berg.com/

Klein anfangen und mit anderen Menschen gemeinsam wachsen

Es verbleibt die Erkenntnis, dass die Virtuelle Assistenz der erste näher vorgestellte Job ist, der definitiv eine sichere Einnahmequelle darstellt, von der sich gut leben ließe. Zwar lässt sich auch vom Domainhandel mehr als nur gut leben, aber der Erfolg des Geschäfts ist nahezu komplett unberechenbar. Es hängt vieles vom Riecher für die richtigen Domains ab. Umfragen und Produkt-Tests sind derweilen nur ein Nebenverdienst. Bei der Virtuellen Assistenz hingegen haben Sie die Möglichkeit, nebenberuflich zu starten und einen spektakulären Hauptverdienst daraus zu entwickeln; „spektakulär", weil Sie mit Auftraggebern in Kontakt treten, die aus den verschiedensten Branchen stammen. Sie werden an den Werdegängen dieser Menschen, auf die eine oder andere Weise, partizipieren können und mit diesen Menschen gemeinsam wachsen. Schlussendlich sind im Hauptberuf mehrere Tausend Euro möglich. Doch bis dahin werden Sie mindestens anderthalb bis zwei Jahre brauchen. Bis zu diesem Zeitpunkt ist die Virtuelle Assistenz als Nebentätigkeit zu betrachten, die sich angesichts der größtenteils zweistelligen Stundenlöhne als fair bezahlt einstufen lässt.

Vermietung über Plattformen

Das Wichtigste in Kürze:
- Erste Geldströme: Wenige Wochen bis wenige Monate
- Schwierigkeitslevel: Einfach
- Angebot an Plattformen: Hoch
- Planungsfreiheit bei der Ausübung: Größtenteils frei

Stopp! Nicht nur Wohnungen werden vermietet. Zahlreiche Personen, die das erkannt haben und einfachste Gegenstände vermieten, verdienen sich eine goldene Nase daran. Unter diesen Personen befinden sich sogar solche, die die Vermietung von Gegenständen zur Professionalität erhoben haben. Sie kaufen Sachen gezielt, um sie zu vermieten – es ist fast schon wie beim Fahrzeugleasing, das übrigens auch als Einzelperson über entsprechende Plattformen betrieben werden kann. Die Möglichkeiten sind unbegrenzt! Wer sich ein Gewerbe für Verleih aufbaut, kann damit mehrere Tausende Euro pro Monat verdienen. Weiter soll dieses Gedankenkonstrukt nicht gesponnen werden, da Sie Ihre eigene Geschichte schreiben müssen. Halten Sie sich rein an die private Vermietung und verzichten auf ein Gewerbe mit mehreren Gegenständen, sind bei Wohnungen und Fahrzeugen über 1.000 € Nebenverdienst monatlich drin, bei kleineren Gegenständen bleibt es meist bei einigen Hundert Euro, was aber vom Gegenstand selbst abhängt.

Überblick über Beispiele für vermietbare Güter und realistische Erträge:

Gut	Möglicher Verdienst
Dekoration: LED-Lichterketten (10 Meter)	Bis zu 5 € pro Tag
Besteck: hochwertige Gabeln, Messer etc.	Ca. 10 Cent pro Stück und pro Tag
Möbel: runder Stehtisch	Bis zu 10 € pro Tag
Werkzeuge: BOSCH Akkuschrauber	Bis zu 10 € pro Tag
Fahrzeuge: Motorradanhänger	Bis zu 50 € pro Tag
Elektronik: Beamer	Bis zu 40 € pro Tag

Diese Dinge verstehen sich als Beispiele. Grundsätzlich lässt sich fast alles vermieten, was beispielsweise daran deutlich wird, dass es sogar Angebote für Tischdecken gibt. Selbstverständlich wird es bei kleineren Dingen schwieriger, Abnehmer zu finden. Neben den kleinen Gegenständen ist es möglich, auch große Ausstattung für Events (z. B. Spielkulissen) zu vermieten. Bei Spielkulissen können die Wochenendpreise bei weit über 1.000 € liegen. Für Sie am aussichtsreichsten ist für einen Monatsverdienst von 100 bis 200 € die Vermietung von Elektronik, Werkzeugen und Möbeln. Wird das eigene Auto, Motorrad oder Fahrrad nicht regelmäßig genutzt, so kann auch dieses über gewisse Zeiträume vermietet werden. Dann kann bei einem Fahrzeug in gutem Zustand sowie einem seltenen oder beliebten Modell sogar von bis zu 500 € Monatsnebenverdienst ausgegangen werden. Einfluss auf den Erfolg nimmt die Anzahl der Plattformen, die genutzt werden. Auf je mehr Vermietungsplattformen die eigenen Güter sind, umso wahrscheinlicher wird es, dass sich ein Mieter findet, weil die Zielgruppe größer ist.

Übersicht über Plattformen zur Vermietung

Plattform	Angebot	Gebühren für Vermieter
airbnb[40]	Bekannteste Plattform zur Vermietung von Aufenthalten	Mind. 3 %, bei Stornierungen bis zu 5 %
WIMDU[41]	Plattform zur Vermietung von Aufenthalten	20 % auf jede Buchung durch Gäste oder ein jährliches Abo in Höhe von 264 €

[40] https://www.airbnb.de/
[41] https://www.wimdu.de/

WUNDERFLATS[42]	Plattform zur Vermietung von Aufenthalten	10 % (zzgl. Mehrwertsteuer) auf die angegebene monatliche Pauschalmiete
mietmeile.de[43]	Alles außer Wohnungen	Individuell gemäß den Vertragspaketen
sachenausleihen[44]	Alles außer Wohnungen, allerdings eine kleine Plattform mit kleiner Auswahl	15 %
erento[45]	Alles außer Wohnungen	24 € monatlich für fünf Artikel
SHARELY[46]	Alles außer Wohnungen; lokaler Ansatz, um Mieter sowie Vermieter in gegenseitiger Nähe zusammenzubringen	20 %

Auch auf Verkaufsportalen wie ebay Kleinanzeigen lassen sich Dinge vermieten und verleihen. Wird dies zusätzlich zu den bereits genannten Portalen durchgeführt, erweitert sich die Zielgruppe nochmals. Ebay Kleinanzeigen als Ergänzung macht auch dahingehend Sinn, als dass die Nutzung kostenlos ist. Dadurch steigt allerdings die Gefahr, von Kunden hinters Licht geführt zu werden. Denn auf ebay Kleinanzeigen findet die Kommunikation direkt und privat mit den Kunden statt. Es besteht nach der Abgabe eines Gegenstands keine Sicherheit, dass der Kunde den Gegenstand zurückgibt. Ebenso kann es bei der Bezahlung zu Betrug kommen. Bei einer Vermietung

---

[42] https://wunderflats.com/de
[43] https://www.mietmeile.de/
[44] http://www.sachenausleihen.de/
[45] https://www.erento.com/
[46] https://www.sharely.ch/howTo/

über die Plattformen ist die Sache wiederum grundlegend anders. Dort findet die Kommunikation rein über die Plattform statt. Zudem fordert die Plattform die Bezahlung ein und gibt sie an den Vermieter weiter. Dies verschafft Ihnen Sicherheiten. Aber kann jede Plattform das halten, was Sie verspricht?

Bei WIMDU häufen sich in der Tat Nachrichten, nach denen die Plattform bei Schäden die eigentlich zugesicherten Versicherungsleistungen umgeht. Der Fall einer Besitzerin, der in Berlin ihr Appartement durch Vandalismus förmlich zerstört wurde[47], machte medial eine große Runde. Die Plattform fühlte sich sogar nach medialem Druck kaum dazu verpflichtet, die Mieter zur Verantwortung zu ziehen. Bei Airbnb war es anders, als 2011 ein Fall von Vandalismus medial Aufsehen erregte. Nach Druck ließen sich die Betreiber der Plattform zu einer Entschädigung überzeugen, wodurch das Ansehen der Plattform wiederum stieg.[48] Sollten Sie mit der Vermietung von Wohnungen Geld verdienen wollen, ist daher unter jedweden Gesichtspunkten dazu angeraten, sich auf Airbnb anzumelden. Allein schon die geringeren Gebühren sprechen im Vergleich zu WIMDU dafür. Die Nachfrage ist auf Airbnb derart hoch, dass sich damit gut Geld verdienen lässt. Als Ergänzung kann die Wohnung zwar auf anderen Plattformen zusätzlich zur Miete angeboten werden, allerdings erschwert es das Management von Buchungen. Sollte beispielsweise zeitgleich auf zwei Plattformen eine Buchungsanfrage eingereicht werden, können Sie zwar nur eine davon annehmen, aber je häufiger sich dieser Fall wiederholt, umso schwerer wird es Ihnen fallen, den Überblick zu behalten. Deswegen: Bei Wohnungsvermietung reicht Airbnb aus.

---

[47] https://www.zeit.de/2016/04/wimdu-berlin-apartments-vandalismus/komplettansicht

[48] https://pando.com/2014/03/18/airbnbs-response-to-its-latest-scandal-proves-that-the-new-disruptors-are-growing-up/

Mit der Vermietung von Gegenständen stellt es sich etwas anders dar. Hier existiert kein Anbieter, der ein derartiger Marktführer für private Vermieter wäre, wie es Airbnb bei Wohnungsvermietungen ist. Stattdessen unterscheiden sich die einzelnen Anbieter (Stand: April 2020) in den Details derart stark, dass ein Mix aus mehreren Plattformen den Erfolg macht. Bieten Sie beispielsweise einen Gegenstand auf jeder der genannten vier Plattformen an, profitieren Sie davon, dass es bei…

- ✓ mietmeile.de ein Riesenangebot für jedermann existiert und hier eine besonders hohe Nachfrage herrscht.
- ✓ sachenausleihen eine geringe Konkurrenz gibt und Gegenstände, die auf anderen Plattformen schwer vermietbar sind, gut an Interessenten gebracht werden können.
- ✓ erento einen breiten Markt für Fahrzeuge und Event-Ausstattung gibt.
- ✓ SHARELY mit einem Fokus auf die lokalen Mieter und Vermieter häufiger zu neuen Bekanntschaften und Vermietungen über kürzere Distanzen kommt.

Kalkulieren Sie die Kosten für Ihre Artikel durch, um beurteilen zu können, ob die Gebühren bei einer Veröffentlichung desselben Artikels auf allen Plattformen zu hoch sind. Bei erento beispielsweise macht von vornherein die Veröffentlichung kleiner Artikel, die ein paar Euro Miete einbringen, aufgrund der festen Gebühr von 24 € pro fünf Artikel keinen Sinn. Gehen Sie das Kosten-Ertrag-Spiel auf jeder Plattform durch und veröffentlichen Sie dementsprechend Artikel auf möglichst vielen Plattformen; aber nur dort, wo Sie einen Gewinn machen können, der das Investment rechtfertigt.

Meine Erfahrungen

Fangen wir bei dem vielen Positiven an: Bereits mit einem Artikel kann man an den Start gehen. Bei mir waren es drei Artikel. Dazu gehörten zwei Elektronikartikel, nämlich eine Musikanlage und ein Laptop, sowie ein Werkzeug in Form eines BOSCH-Bohrers. Das Finden von Kunden ist keine kognitive Herausforderung. Es wird ein Profil angelegt. Die Steuernummer wird angegeben, sofern bei der jeweiligen Plattform verlangt. SHARELY beispielsweise verlangte keine Steuernummer, sondern nur eine Umsatzsteuer, falls es sich um keine Kleinunternehmer handelt und der Verleih mit großem Umsatz getätigt wird. Dies war bei mir nicht der Fall. Neben SHARELY habe ich die Plattform mietmeile. de genutzt. Dort lässt sich angeben, ob der Verleih privat oder gewerblich durchgeführt wird. Als privater Vermieter musste ich keine Steuernummer angeben. Das Hochladen und Beschreiben der Artikel verläuft denkbar einfach, indem Fotos gemacht und mit einem Klick hochgeladen sowie Texte verfasst werden. Die Kommunikation mit den Mietern ist ebenfalls einfach gestrickt. Nun habe ich bei SHARELY meine Anlage und meinen Bohrer vermietet. Der lokale Ansatz hat sich insofern ausgezahlt, als dass sich eher Personen finden ließen, die bereit waren, die Musikanlage abzuholen und zurückzubringen. Zudem sind benötigte Bohrmaschinen in der Nachbarschaft so häufig, dass ich dafür regelmäßig (zwei bis dreimal im Monat) Kunden fand. Weil ich mehrere Laptops hatte, habe ich den Neueren gezielt zur Vermietung genutzt. Ich brauchte ihn aufgrund der älteren funktionsfähigen Laptops in meinem Besitz eher selten, und wenn er nur einige Male im Monat vermietet war, würde er nur wenig abnutzen – so zumindest meine Annahme. Was war das Endresultat meiner Abenteuer? Bohrmaschine: In drei Monaten achtmal vermietet zu insgesamt gebührenbereinigt knapp 95 €. Zweimal Anlage in vier Monaten

> vermietet für insgesamt gebührenbereinigt ca. 250 €. Laptop vierzehnmal in zwei Monaten vermietet zu insgesamt gebührenbereinigt ungefähr 360 €. Die Anlage vermietete ich durch Zufall einen Monat länger als die Bohrmaschine, den Laptop aufgrund schnell eintretender Abnutzungen wiederum gezielt einen Monat kürzer. Letzten Endes sind feine Geräte wie ein Laptop und auch eine Anlage meiner Ansicht nach nicht für einen Verleih optimal. Vielleicht hatte ich in diesem Punkt aber nur Pech. Wer wiederum robuste Geräte vermietet, wird sich freuen, denn Abnutzungen treten nur langsam ein und meistens gibt es die Bohrmaschine sauber poliert wieder zurück.

Letzten Endes verraten meine Erfahrungen das Wichtigste. Größere Güter wie Fahrzeuge, Anhänger, Wohnungen und Sportgeräte dürften als robust und für die Vermietung geeignet gelten. Darauf lassen die vielen positiven Erfahrungen von Vermietern zumindest schließen. Die Vermietung von sensibler und wenig robuster Elektronik kann ich nur empfehlen, wenn die Vermietung hauptberuflich ausgeübt wird. Ein nebenberuflicher Verdienst ist möglich, wenngleich ich den Vorteil hatte, in einer Großstadt und in deren Zentrum die Vermietung durchzuführen. Dort lassen sich eher Mieter finden als in Kleinstädten und Dörfern. Vor allem Musikanlagen dürften demnach unter erschwerten Bedingungen kaum vermietbar sein. Ich bin zwiegespalten und empfehle Ihnen die Vermietung nur bei Fahrzeugen, Anhängern, Wohnungen oder großer Eventausrüstung. Hier lohnt es sich in größeren Städten mit reichlich Klienten oder – bei Wohnungen – häufig stattfindenden deutschlandweit populären Messen und Veranstaltungen definitiv. Aber bei kleineren Gegenständen ist der Aufwand der Vermietung meistens zu hoch.

Stockfotografie

Das Wichtigste in Kürze:
- ➤ Erste Geldströme: wenige bis mehrere Monate
- ➤ Schwierigkeitslevel: Gering bis Mittel
- ➤ Angebot an Abnehmern: Hoch
- ➤ Planungsfreiheit bei der Ausübung: Frei

Bei der Stockfotografie laden Sie selbst gemachte Bilder – meistens sind auch Videos möglich – auf einer Plattform hoch. Diese Plattformen nennen sich Fotostocks, was die Bezeichnung der Tätigkeit als „Stockfotografie" erklärt. Für die erfolgreiche Tätigkeit als Stockfotograf ist ein geschicktes Auge bei der Fotografie gefragt; vom hochwertigen Equipment einmal abgesehen…

Wenn Sie sich mit dieser Tätigkeit auseinandersetzen und sie aufnehmen, muss Ihnen klar sein, dass Sie keine sofortigen Einkünfte verzeichnen werden, stattdessen aber sofortige Ausgaben für eine gute Ausstattung. Damit ist in erster Linie die Kamera samt Stativ gemeint. Sollten Sie ein modernes Smartphone oberhalb der 700 € Neupreis haben, so wird die Smartphone-Kamera für den Anfang als ein guter Ersatz dienen können, bei dem nur noch die Anschaffung eines Stativs notwendig ist. Haben Sie beides angeschafft, dann ist mit ersten Geldströmen wenige bis mehrere Monate nach den ersten hochgeladenen Bildern zu rechnen. Sollten die Bilder eine schlechte Qualität aufweisen oder zu Themen hochgeladen werden, bei denen sie Abertausenden von Konkurrenzbildern gegenüberstehen, dann wird aller Voraussicht nach erst nach mehreren Jahren oder nie ein nennenswerter Geldstrom eintreten. Was trotz dieses Risikos für eine große Neugier hinsichtlich der Stockfotografie sorgt, ist die einfache Ausübung für Personen, die ohnehin begeisterte Fotografen sind. Die

Kamera kann an besondere Orte oder zu besonderen Ereignissen mitgenommen werden. Es werden Fotos gemacht, die ein leidenschaftlicher Fotograf ohnehin häufig macht, und aus diesen Fotos kann ein passives Einkommen werden – wenn alles richtig gemacht wird.

Zunächst sei festgehalten, dass die Stockfotografie für talentierte Hobbyfotografen, häufig Reisende und Abenteurer des Öfteren das pure Vergnügen ist. Die Plattformen sind meistens global ausgerichtet, weswegen die Menge an Abnehmern über die Grenzen der Kontinente hinausreicht. Eine maximale Planungsfreiheit ergibt sich daraus, dass Sie die Fotos und evtl. Videos machen bzw. filmen und hochladen können, wann es Ihnen beliebt.

Die bekanntesten Fotostocks auf einen Blick

Auf einen Vergleich der verschiedenen Fotostocks wird an dieser Stelle verzichtet. Dazu reichen meine Erfahrungen nicht aus. Um das Defizit fehlender Erfahrungen zu kompensieren und Ihnen einen möglichst angemessenen Einblick in die Stockfotografie zu bieten, habe ich mich dazu entschieden, zunächst eine Übersicht der Fotostocks aufzuzählen und anschließend den Vorgang einer Anmeldung und des Hochladens von Bildern bei Shutterstock Schritt für Schritt zu erklären.

Zunächst die Übersicht:

- ✓ shutterstock[49]
- ✓ Adobe Stock[50]
- ✓ iStock[51]

---

[49] https://submit.shutterstock.com/
[50] https://stock.adobe.com/de/
[51] https://www.istockphoto.com/de

Es gibt noch weitere Plattformen, bei denen die Bilder unentgeltlich angeboten werden. Aber da Sie verdienen möchten, lassen wir diese Plattformen außen vor. Lange Zeit war Fotolia noch ein separater Anbieter. Seitdem Fotolia von Adobe aufgekauft wurde, ist Fotolia mit Adobe Stock gleichzusetzen. Sie können sich auf den aufgezählten Plattformen umsehen und sich für eine Plattform oder mehrere der Plattformen entscheiden. Je nach Plattform haben Sie die Möglichkeit, die Fotos nicht für beliebig viele Downloads zur Verfügung zu stellen, sondern als Exklusivlizenzen oder in Paketen zu verkaufen. Dann verdienen Sie mehr als einige Cent pro Foto. Allerdings ist das Foto nach Verkauf endgültig mit allen Rechten beim neuen Besitzer und Sie erwirtschaften mit dem Foto kein dauerhaftes passives Einkommen. Es ist erlaubt – sofern es sich nicht um Exklusivlizenzen handelt – die Fotos auf mehreren Stocks zum Download anzubieten.

Von der Anmeldung bis zum ersten Foto

Bei shutterstock werden zunächst auf der Seite für Verkäufer[52] unter „Registrieren" die E-Mail-Adresse, der gewünschte öffentliche Name sowie das gewünschte Passwort angegeben. Nach Bestätigung der E-Mail-Adresse erfolgt die Angabe spezifischerer Daten:

---

[52] https://submit.shutterstock.com/

57

Geben Sie Ihre Adresse ein

Bitte füllen Sie das Formular unten in Englisch aus.

Wohnanschrift

| Deutschland | ▼ |

| Berliner Allee |

| Adresszeile 2 (Apartmentnr., Wohnungsnr.) |

| Hannover |

| PLZ | Bundesstaat/-land/Prov. |

| 00000000 |

Postanschrift

| Deutschland | ▼ |

| Berliner Allee |

| Adresszeile 2 (Apartmentnr., Wohnungsnr.) |

| Hannover |

| PLZ | Bundesstaat/-land/Prov. |

✓ Meine Wohn- und Postanschrift sind identisch

Weiter

Quelle: shutterstock

Nach Ausfüllen und Klicken auf „Weiter" ist es im Willkom-
menseintrag bereits möglich, die ersten Bilder hochzuladen.
Sind noch keine vorhanden, erfolgt eine Weiterleitung zum
Dashboard:

Willkommen zur Community! Wir sind gespannt auf Ihre Werke!

Sind Sie bereit, loszulegen? Beginnen Sie mit dem
Hochladen Ihrer Bilder (Fotos, Vektorgrafiken oder
Illustrationen) und Videos.

So senden Sie Videos

Bilder hochladen ∨

Zum Dashboard gehen

Quelle: shutterstock

Ein Blick ins Dashboard:

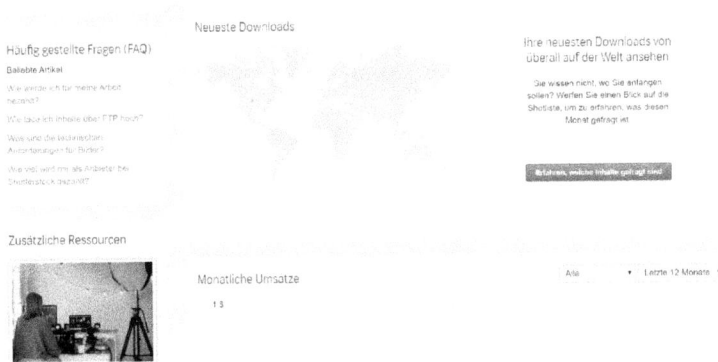

Quelle: shutterstock

Weiter oben im privaten Abschnitt befinden sich die Einnahmen, die monatlich ausgezahlt werden sowie Angaben zum Profil. Des Weiteren findet sich eine Navigationsliste, in der das eigene Portfolio eingesehen werden kann. Auch dort ist das Hochladen neuer Bilder möglich.

Beim Hochladen tauchen Informationen zu den Anforderungen an die Fotos sowie nützliche Hinweise zu rechtlichen Aspekten (z. B. Personen- und Markenrechte, falls diese auf den Fotos mit abgebildet sind) auf:

Wir sind gespannt auf Ihre Werke

Laden Sie zuerst von Ihnen erstelle Bilder und Videos hoch. Fügen Sie dann Details hinzu und reichen Sie Ihre Arbeit zur Prüfung ein.

Fotos oder Illustrationen
JPEG-Dateien mit mindestens 4 Megapixeln hochladen.

Videos
Videodateien mithilfe von FTP hochladen.
Weitere Informationen

Vektorgrafiken
Laden Sie mit Version 8 oder 10 von Illustrator kompatible EPS-Dateien hoch.
Weitere Informationen

Inhalte mit Menschen oder Privateigentum
Mehr über Genehmigungen und Freigaben erfahren

Mehr über häufige Ablehnungsgründe erfahren
Fokus   Belichtung

Pixelierung   Warenzeichen

Alles klar!

Quelle: shutterstock

Nachdem „Alles klar!" ist, erscheint ein Bildschirm, auf dem Sie Ihre Bilder per Drag-&-Drop oder Ordnernavigation aussuchen und hochladen. So ist der Schritt zum ersten hochgeladenen Bild denkbar leicht gemacht. Nach dem Hochladen werden die Keywords, zu denen das Bild erscheinen soll, abgefragt. Achten Sie bei den Keywords darauf, Begriffe zu wählen, die zum Foto passen und nach denen mit höchster Wahrscheinlichkeit gesucht wird. Danach folgen weitere Bilder, sie erstellen Pakete oder warten auf die ersten Einnahmen.

Die Menge und Strategie richten es!

Die unumgängliche Strategie für den Anfang besteht darin, dass Sie viele hochwertige Bilder zu einem oder mehreren Themenbereichen machen. Auf diesem Wege bedienen Sie mehrere Keywords. Suchen Sie sich zudem Themenbereiche aus, die möglichst wenig Konkurrenz bei zugleich möglichst hoher Nachfrage aufweisen. So wird es Ihnen am ehesten

60

gelingen, sich auf lange Sicht mit Ihren Fotos in der großen Menge durchzusetzen.

Schlussendlich ist die Stockfotografie nichts für Personen, die sofort Geld verdienen möchten oder müssen. Nebenbei als Hobby praktiziert oder geduldig aufgezogen, werden die Stockfotos erst nach mindestens mehreren Monaten passive Geldströme verursachen. Bis dahin gilt es, sich einen anderen Nebenverdienst parallel zum Fotografieren zu suchen **oder** komplett auf das Fotografieren zu verzichten und stattdessen die eigene Arbeit lieber in einen der vielen anderen verfügbaren Online-Jobs zu investieren.

Textverfassung

Das Wichtigste in Kürze:
- Erste Geldströme: Wenige Wochen bis ein Monat
- Schwierigkeitslevel: Mittel
- Angebot an Jobs: Hoch
- Planungsfreiheit bei der Ausübung: Eingeschränkt

Die Textverfassung richtet sich an alle Personen, die einer Sprache im Schriftlichen mächtig sind. Einwandfreie Rechtschreibung und Grammatik sind ein absolutes Muss. Kleine Schwächen lassen sich durch die Auto-Korrektur von Microsoft Word und spezielle Online-Programme, wie z. B. das LanguageTool[53], gut kompensieren. Schleichen sich dennoch in die eigene Rechtschreibung und Grammatik immer wieder kleinere Fehler ein, so wird es negative Auswirkungen aufs Honorar haben. Aber Gelegenheiten wird es immer geben, denn für einen Mangel an Jobs ist der Markt aktuell zu groß. Es gibt

---

[53] https://languagetool.org/de/

wohl kaum ein Texter-Portal, eine Jobbörse oder eine Agentur, die nicht auf der Suche nach Textern wäre. Dementsprechend ist auch mit Lese- und Rechtschreibschwächen eine gering bezahlte Tätigkeit, mit der sich einige Hundert Euro im Monat verdienen lassen, vorstellbar. Kehrseite des großen Angebots ist die große Konkurrenz. Unter Umständen verkaufen sich sogar sehr gute Texter äußerst günstig, sodass bei dem einen oder anderen Auftrag Fragezeichen auf der Stirn sein werden, wieso man trotz brachialer Qualität und günstigen Preisen nicht den Zuschlag für die Auftragsausführung bekommt. Mit der Zeit tritt eine Gewöhnung an diese Problematik ein.

Die Bezahlung erfolgt entweder nach Fertigstellung des Auftrags und Rechnungsstellung durch den Texter oder aber zu Beginn oder Ende des Monats. Bei Agenturen werden häufig monatliche Zahlweisen gepflegt, weil durch die Zusammenarbeit mit mehreren Textern ansonsten die Auswahl zu groß wäre.

Je nach Auftraggeber bzw. Agentur, von der man die Aufträge bekommt, ist mit einer strikten Terminvorgabe zu rechnen. Diese sogenannte Deadline muss eingehalten werden, da ansonsten Honorarkürzungen oder Auftragsabbrüche eintreten können. Der Großteil der Auftraggeber und Agenturen ist allerdings großzügig, sodass weitestgehend Planungsfreiheit bei der Erledigung der Arbeit besteht. Nur gelegentlich kommt es zu Abweichungen.

Welche Texte werden verfasst und wie werden sie vergütet?

Sie finden alles, was Ihr Herz begehrt. Die möglichen Textarten machen weder vor wissenschaftlicher noch vor lockerer Tonalität halt:

- ✓ Blogbeiträge
- ✓ E-Books
- ✓ Produktbeschreibungen
- ✓ Werbetexte
- ✓ E-Mails
- ✓ Hausarbeiten
- ✓ Wissenschaftliche Facharbeiten
- ✓ Fachartikel
- ✓ Studienhefte
- ✓ Essays
- ✓ Gedichte
- ✓ Songtexte
- ✓ Usw.

Sämtliche dieser Textarten sind in allen Themenbereichen gefragt. Von Technik und Sport über Erotik und Ernährung bis hin zu Romanen und Versicherungen ist daher das Angebot an möglichen Schreibthemen unbegrenzt. Und sogar innerhalb der einzelnen Branchen ist eine enorme Vielfalt an Aufträgen gegeben. Picken wir uns allein den Bereich „Ernährung" heraus: Ein E-Book über das Heilfasten, diverse Blogbeiträge zum Heilfasten, eine E-Mail-Serie an die Abonnenten eines Fasten-Newsletters usw.

Demnach werden Sie als Autor/Texter immer fündig, was das passende Thema anbelangt. Sollten Sie ein Fach studiert haben oder anderweitig Qualifikationen in einem Themengebiet einbringen, dann können Sie mit erhöhten Wahrscheinlichkeiten rechnen, sich gegen Konkurrenten durchzusetzen. Zudem steigen die Aussichten auf ein hohes Honorar.

Auch ohne Fachkenntnisse finden Sie genug Jobs. Im Zweifelsfall starten Sie bei Agenturen zu einem geringen Wortpreis und lernen dort. Dieser Ratgeber wird Ihnen ein paar erste Tipps zum Schreiben geben, aber bei weitem nicht imstande sein, einen vernünftigen Autorenkurs zu ersetzen. Die beste Schule wird für Sie das Schreiben selbst sein.

> **Tipp!**
>
> Selbst, bei vorhandenen Fachkenntnissen in einem Themengebiet ist es nicht verkehrt, zumindest einen kleinen Teil der monatlichen Aufträge für Agenturen durchzuführen. Denn Agenturen haben geringere Ansprüche und zeigen sich bei inhaltlichen Defiziten tolerant. Sie geben nützliche Hinweise und sind bereit, Sie über einen längeren Zeitraum zu betreuen. Dies ist am Anfang Ihrer Tätigkeit als Autor vorteilhaft, um nicht bei anspruchsvollen Privatkunden aufgrund stilistischer Defizite abgelehnt zu werden und Negativerfahrungen zu machen.

Es gibt unter den Textarten solche, die tendenziell eine geringere Vergütung bekommen und solche, bei denen die Vergütung aufgrund eines hohen zu erwartenden Aufwands höher angesetzt wird. Die folgenden Wortpreise für die einzelnen Textarten beziehen sich rein auf das Anfängerniveau. In der Tabelle wird davon ausgegangen, dass Sie als Texter keinerlei Erfahrung haben und dennoch den Zuschlag erhalten – welche Preise dürften Sie da erwarten?

Wortpreise für Anfänger bei einzelnen Textarten

Textart	Wortpreis
E-Book (Rezeptbuch)	1 – 1,5 Cent
Blogbeitrag	1 – 2 Cent
Produktbeschreibungen	1 – 2 Cent
E-Books	1 – 2,5 Cent
E-Mails	1 – 3 Cent
Werbetexte	1 – 3 Cent

Fachartikel	2 – 5 Cent
Studienhefte	2 – 5 Cent
Hausarbeiten	3 – 7 Cent
Wissenschaftliche Facharbeiten	3 – 10 Cent

Essays, Gedichte und Songtexte werden aufgrund der Tatsache, dass es sich um selten angeforderte Textarten handelt, hier nicht betrachtet. Hier ist der Weg zu einem Auftrag ohne Referenzen meist nicht möglich. Sofern keine Referenzen gefordert sind, handelt es sich um einen unprofessionellen Auftraggeber, der mit 1 bis 2 Cent vergüten dürfte.

Was bedeuten denn nun die Wortpreise für den Stundensatz?

Um den Stundensatz greifbar zu machen, müssen wir uns einer Schätzung bedienen. Wir gehen davon aus, dass Sie am Anfang fürs Schreiben von 500 Wörtern eine Stunde benötigen werden. Dies würde bei einem Wortpreis von einem Cent einem Stundenhonorar von 5 € entsprechen. In diesem Tempo wird es wohl ein bis zwei Monate gehen. Wenn Sie täglich eine Stunde Arbeitszeit investieren, verdienen Sie demnach im ersten Monat mindestens 150 €. Darüber hinaus aber entwickeln Sie ein Händchen dafür, wie Texte verfasst werden. Dies steigert Ihre Geschwindigkeit. Somit ist bei gleichbleibendem Wortpreis von einem Stundenlohn von 10 € ab dem zweiten oder dritten Monat der Tätigkeit als Texter auszugehen. So werden aus 150 € nebenberuflich 300 € Monatseinkommen. Wenn Sie dann auch noch Ihren Wortpreis um nur einen Cent pro Wort auf 2 Cent pro Wort erhöhen und das Tempo beibehalten, können innerhalb von sechs Monaten – vielleicht auch schon früher – 20 € Stundenlohn und 600 € monatlicher Nebenverdienst bei einer Stunde Arbeit täglich die Folge sein.

65

> **Meine Erfahrungen**
>
> *Auch ich habe einmal klein angefangen. Ich startete bei einer kleinen Agentur mit einem Wortpreis von 1 Cent. Im ersten Monat hatte ich nebenberuflich fast 200 € bei einem Aufwand von 25 Stunden verdient. Ich machte daneben Sport, traf mich mit Freunden und genoss mein Leben. Ich versuchte zudem, wie im Ratgeber ersichtlich wird, nebenberuflich durch die verschiedensten Online-Jobs Geld zu verdienen. Aber trotzdem gab es nahezu jeden Tag einige Zeitspannen, die ich noch sinnvoll füllen wollte. 1 Cent pro Wort waren deswegen für mich in Ordnung. Denn Schreiben bedeutet Recherchieren und geht mit einem wichtigen Mehrwert einher: Die Erweiterung des persönlichen Wissens. 25 Stunden im Monat waren letzten Endes weniger als eine Stunde am Tag. Personen, die eine 40- oder 48-Stunden-Woche haben, werden diese Zeit auch aufbringen können. Wie es nach dem Einstieg bei dieser Agentur weiterging, erfahren Sie im weiteren Verlauf.*

Sie merken, dass der Anstieg Ihres Stundensatzes sich aus Ihrer steigenden Arbeitsgeschwindigkeit und der Steigerung Ihrer Fähigkeiten, die zu einem höheren Wortpreis führt, errechnet. Ironischerweise ändert sich an der Vergütung mit zunehmender Dauer aber nicht so viel, wie angenommen werden könnte. Tendenziell kommt es bei einem Wortpreis von 3 bis 6 Cent zur Stagnation. Parallel dazu werden die Anforderungen der Auftraggeber immer höher, sodass für 500 Wörter wieder länger benötigt wird als zuvor. Darüber hinaus ist es nicht einfach, an hoch bezahlte Aufträge zu kommen. Der Großteil der „Unternehmer" im Internet ist nicht bereit, in Qualität zu investieren, und möchte nicht mehr als maximal 2 Cent pro Wort zahlen.

An diesem Punkt stellt sich die Frage, ob nur über Jobbörsen Akquise betrieben oder eine eigene Website erstellt wird. Wer eine eigene Website hat und sie mit Werbebudget befeuert, arbeitet hauptberuflich als Texter. Die Aussichten auf Wortpreise von bis zu 15 Cent pro Wort und Stundenlöhne in Höhe von 100 € sind nicht unberechtigt. Wer über Jobbörsen nach Auftraggebern sucht, stagniert meistens bei den erwähnten 3 bis 6 Cent Wortpreis. Wird die Tätigkeit nebenberuflich ausgeübt, ist das nicht weiter dramatisch. Es sind nebenberufliche Einkünfte von über 1.000 € monatlich denkbar, wenn ein Wortpreis zwischen 4 bis 6 Cent gegeben ist und 500 bis 1.000 Wörter in einer Stunde verfasst werden. An diesen Punkt können Sie innerhalb von sechs Monaten gelangen. Hauptberuflich gibt es Autoren, die nicht unweit von einem fünfstelligen Monatseinkommen sind. Aber bis es so weit kommt, sind mehrere Jahre Arbeit und Lernbereitschaft notwendig. Zudem müssen ein breites Allgemeinwissen sowie die Fähigkeit, sich schnell in neue Themenbereiche einzuarbeiten, gegeben sein.

Texter-Portale für den Anfang, Strategien für die Zukunft

Den Anfang machen Sie bei einer Job-Suche am besten auf Texter-Portalen und Jobbörsen. Texter-Portale unterscheiden sich von Jobbörsen dahingehend, als dass es sich um weitestgehend automatisierte Systeme handelt. Es findet kaum eine Kommunikation zwischen Portal und Texter statt. Der Ablauf gliedert sich ungefähr wie folgt:

1. Anmeldung auf dem Portal
2. Angabe wichtiger personenbezogener Daten
3. Durchführung eines Tests zur Prüfung der Fähigkeiten (meistens ein Probetext)
4. Prüfung des Tests durch Angestellte der Plattform
5. Mitteilung des Testergebnisses sowie Honorars und Freischaltung für Aufträge

Von nun an können Aufträge durchgeführt werden. Der Wortpreis richtet sich nach der Qualität des Probetextes und wird jeden Monat auf Basis der abgelieferten Aufträge erneuert. So bestehen bei einer Verbesserung der eigenen Fähigkeiten durch kontinuierlich steigende Textqualität Aussichten auf eine höhere Vergütung – zumindest in der Theorie, denn Praxiserfahrungen zeigen, dass bei vielen Texter-Portalen nur widerwillig die Honorare erhöht werden.

Bei Jobbörsen ist der Vorgang ein anderer. Hier schalten entweder Sie als Texter ein Gesuch für einen Job oder Sie sehen in den geschalteten Job-Anzeigen nach. Dort veröffentlichen Unternehmen sowie Einzelpersonen Jobs, die sie zu vergeben haben. Auf diese bewerben Sie sich, sofern sie Ihnen zusagen. Anschließend kommt es möglicherweise zur Kontaktaufnahme durch den Auftraggeber und den Zuschlag für den Auftrag. Viele Auftraggeber verlangen zur Sicherheit einen Probetext oder Referenzen. Manchmal werden die Probetexte vergütet, manchmal nicht. Die Vorteile von Jobbörsen ergeben sich aus der persönlichen Kontaktaufnahme: Sie können Ihre Qualitäten hervorheben, individuell verhandeln und flexibler agieren als bei Texter-Portalen, die Ihnen zumeist starre Richtlinien vorgeben und jeden Texter mit dem Kollektiv nahezu gleichsetzen. Nachteil der Jobbörsen und Vorteil der Texter-Portale wiederum ist die Verfügbarkeit einer Vielzahl an Aufträgen und der unkomplizierte Zugriff auf diese. Bei Jobbörsen kann es lange dauern, bis Sie Kunden finden. Zudem ist die Kundensuche nach Beendigung eines Auftrages in der Regel wieder aufs Neue erforderlich.

Übersicht über Texter-Portale

Portal	Wortpreise	Konditionen	Themenbereiche
Content. de[54]	0,8 – 4,7 Cent	➢ Schnelle Auszahlung ➢ Einfache Aufträge gehen schnell an Konkurrenten ➢ Geringe Förderung der Texter	Alles außer Studienarbeiten (Bachelor-, Master- und Hausarbeiten)
textbroker[55]	0,7 – 4,0 Cent	➢ Tendenziell gezielt schwache Einstufungen zu Beginn ➢ Mangel an Transparenz bei den Aufstiegschancen in der Vergütung ➢ Tutorials, Webinare & mehr für Texter	Alles außer Studienarbeiten (Bachelor-, Master- und Hausarbeiten)

Tatsächlich gibt es unter den Texter-Portalen keine anderen nennenswerten. Sie können gern noch einen Blick auf contentworld[56] werfen, aber mit Aufträge annehmen, erledigen und bezahlt werden, hat diese Plattform nichts zu tun. Sie stellen dort bereits existierende Texte online, die eventuell jemand kauft. Dass Ihr Text Interessenten findet, ist allerdings unwahrscheinlich. Darüber hinaus ist das Portal zu unbekannt.

Dementsprechend werden Ihre Wege zu Beginn zu Content. de oder textbroker führen, sofern Sie über ein Texter-Portal beginnen möchten und keine eigene Akquise über Jobbörsen zu betreiben gedenken. Tatsächlich ist es aber schwierig, über diese Plattformen Fuß zu fassen. Die Einstiegstests können

---

54   https://www.content.de/
55   https://www.textbroker.de/
56   http://www.contentworld.com/

derart unfair sein, dass sogar keine Einstufung möglich ist. Ich habe bei textbroker einmal einen Einstiegstest absolviert, bei dem ich angeblich derart viele Fehler gemacht habe, dass textbroker meine Dienste nicht gebrauchen konnte. Wohlgemerkt: Damals hatte ich als Autor bereits eigene Stammkunden, akquirierte regelmäßig neue Kunden und verdiente bei im Schnitt 2 Wochen Arbeitszeit im Monat 3.000 bis 4.000 €. Zwar habe ich dafür die zwei Wochen durchgearbeitet, aber dennoch verfügte ich über ein gutes Renommee und hatte bei entspannter Arbeit einen guten Verdienst. Entspannt war die Arbeit, weil ich hochqualitativ und zuverlässig ablieferte.

Mein Tipp an Sie ist es, maximal im ersten Monat – und auch dann nur 10 bis 20 Stunden – Zeit in die beiden oder eines der genannten Portale zu investieren. Dadurch wird zwar Ihr Honorar nicht hoch ausfallen, aber Sie werden die ersten wichtigen Verdienste, Erfahrungen, Referenztexte und Lehren haben. Dann kann es in die Akquise über Jobbörsen gehen, um mit Kunden oder Agenturen in Kontakt zu treten.

Noch viel besser ist es, wenn Sie von Beginn an die Jobbörsen nutzen!

Übersicht über Jobbörsen

Jobbörse	Angebot an Jobs	Features
texterjobboerse. de[57]	➢ Reine Texter-Börse ➢ Umfassendes Angebot mit geringer Konkurrenz	➢ Profil anlegen möglich (kostenpflichtig) ➢ Verschiedene Profilformen möglich

---

[57] https://www.texterjobboerse.de/

machdudas[58]	➢ Viele verschiedene Offline-Jobs ➢ Konkurrenz beim Texten durch eine Kostenbarriere eingeschränkt	➢ Bewertungen und Profile möglich ➢ Mehr als eine Bewerbung pro Woche ist kostenpflichtig
ebay Kleinanzeigen[59]	➢ Diverse Online- und Offline-Jobs ➢ Großes Angebot an Texter-Jobs ➢ Konkurrenz groß, aber mit schlechter Qualität	➢ Werbeanzeigen für bessere Sichtbarkeit möglich
indeed[60]	➢ Diverse Online- und Offline-Jobs ➢ Häufig Anwesenheit vor Ort und Qualifikationen verlangt	➢ Werbeanzeigen möglich ➢ Lebenslauf hochladen möglich
MONSTER[61]	➢ Siehe indeed	➢ Siehe indeed

Am ergiebigsten sind die Jobbörsen texterjobboerse.de sowie ebay Kleinanzeigen. Ich habe in meiner Zeit der Akquise über Jobbörsen nur diese beiden Plattformen genutzt. Machdudas erfordert einen in Relation zur Wahrscheinlichkeit der Auftragsvergabe zu hohen Kapiteleinsatz, bei indeed und MONSTER lässt sich häufig nichts Passendes finden. Zweifelsohne kann es seine Vorteile haben, diese fünf und noch mehr

---

[58] https://www.machdudas.de/jobs-neu
[59] https://www.ebay-kleinanzeigen.de/
[60] https://de.indeed.com/?from=gnav-homepage
[61] https://www.monster.de/

Jobbörsen zu nutzen. Sie werden allerdings merken, dass das täglich aktualisierte und vielfältige Angebot von texterjobboerse.de und ebay Kleinanzeigen Sie bei der Akquise auszulasten vermag. Es besteht keine Notwendigkeit, zusätzlich nach Jobbörsen Ausschau zu halten. Preisspannen von einem bis 12 Cent pro Wort sind bei texterjobbörse.de und ebay Kleinanzeigen möglich. Am weitesten verbreitet sind Preisspannen von einem bis 5 Cent pro Wort. Mein Weg begann bei der Tätigkeit als Autor über die Jobbörse ebay Kleinanzeigen. Und offen gestanden – es hätte nicht besser laufen können! Unwissentlich habe ich mir selbst den perfekten Werdegang zusammengestellt, den ich nach weiterführenden Erfahrungen auch nach mehreren Jahren noch mit Ihnen guten Gewissens als Top-Strategie teilen kann…

Meine Erfahrungen

Als ich eine Ergänzung zu meinem Hauptberuf suchte, schaute ich mich auf ebay Kleinanzeigen um. „Ortsungebundene Tätigkeit als Texter mit der Aussicht auf steigendes Honorar" – na, wieso nicht? Ich bewarb mich bei der kleinen Agentur. Ein Probetext von 1.000 Wörtern war notwendig. Nach dem Probetext bekam ich das Honorar mitgeteilt: 1 Cent pro Wort. Dies war für mich nebenberuflich angemessen. Im zweiten Monat waren es schon 2 Cent pro Wort. Ich kam ab dem dritten und vierten Monat auf nebenberufliche Einkünfte in Höhe von 500 bis 800 €, mehr brauchte ich nicht. Aber das Wertvollste, weswegen ich am Ende trotz der nur 2 Cent pro Wort für diese Agentur knapp anderthalb Jahre lang arbeitete, waren die vielen kostenlosen Schulungen. Deswegen kann ich Ihnen nur eines empfehlen: Suchen Sie am besten in einer Jobbörse nach drei Agenturen für den Anfang. Die Agentur, die Ihnen möglichst viele Schulungen und Lehrgänge zur Verfügung stellt, ist die beste für Sie. Arbeiten Sie dort mehrere Monate. Auch, wenn Sie später besser zahlende Auftraggeber finden, so bleiben Sie bei der Agentur und erledigen Sie zumindest ein paar Aufträge monatlich, um aus den kostenlosen Schulungen Nutzen zu schöpfen. Ich muss rückblickend sagen, dass die Agentur, bei der ich arbeitete, nicht allzu professionell war, aber die Basics des Online-Marketings saßen, und so lernte ich dazu: Websites mit WordPress erstellen und designen, Autoren-fähigkeiten verbessern, Ebooks formatieren und veröffent-lichen und vieles mehr! Ich experimentierte selbst mit den Dingen, die ich lernte, und machte alles bald selbst und bes-ser als die Agentur. So fand ich mit einer eigenen Website für die Tätigkeit als Autor und neuen Auftraggebern über die beiden Portale texterjobboerse.de und ebay Kleinanzeigen zu einer stetigen Verbesserung der Konditionen. Schließlich übte ich die Tätigkeit als Autor eine Zeit lang hauptberuflich aus. Bis heute sehe ich den Geschäftsführer der Agentur als eine Art ersten Mentor in Online-Jobs an.

Die Empfehlung an Sie ist also, zunächst mehrere Monate bei Agenturen zu lernen. Agenturen, wie die vorgestellten zwei Texter-Portale, liefern Ihnen konstant Aufträge und sind oben-drein persönlich besser erreichbar als Texter-Portale. Es wird sich bei Agenturen mehr für den Aufbau und die Ausbildung der Autoren eingesetzt. Sie werden mit der Zeit merken, wann die Zeit reif ist, sich eine eigene Website aufzubauen und diese eventuell mit Werbebudget zu befeuern oder zumindest auf den Jobbörsen private Unternehmer und Auftraggeber mit einer besseren Bezahlung zu suchen. Wichtig ist für das Auf-gehen der Strategie, dass Sie sich die Kritik der Agenturen zu Herzen nehmen und bereit sind, sich zu verbessern. Dann sind die Grundvoraussetzungen gut. Auf dieser Basis können und werden Sie aufbauen, wenn es Ihnen wirklich am Geld verdie-nen liegt.

Alternative: Self-Publishing von E-Books

Eine Alternative zur Textverfassung für andere Personen ist das Self-Publishing, bei dem Sie E-Books selbst publizieren. Außerdem können Sie Webtexte selbst verfassen und auf diesem Wege Websites oder Blogs erstellen, die Sie selbst monetarisieren. Zu eigenen Blogs und Websites erfahren Sie im Abschnitt über das Affiliate-Marketing Genaueres. An dieser Stelle wird nur kurz auf das Amazon KDP (Kindle Direct Publishing) als Programm aufmerksam gemacht.

Der Weg zu einem selbst veröffentlichten Buch beginnt mit dem Schreiben, was das Wichtigste ist. Sie haben den Vorteil, dass Sie mit mehreren Tipps zur Textverfassung, die im Unterkapitel über Affiliate-Marketing auf Sie warten, ausgezeichnete Bücher verfassen können. Anfangs wird es zwar zeitintensiv sein, als Anfänger ein Buch hochwertig zu verfassen, aber mit der Zeit werden die E-Book-Texte leichtfallen. Wenn Sie sich einen Eindruck bei bereits existierenden E-Books verschaffen, wird Ihnen schnell auffallen, dass es kaum hochwertige Exemplare gibt. Insbesondere in Nischenbereichen haben Unternehmer Autoren mit einem Cent pro Wort mit der Bucherstellung beauftragt – dementsprechend fällt die Qualität miserabel aus. Sie sind am Ball, um das hochqualitative Gegenstück zu erschaffen!

Nach der Textverfassung sind folgende Arbeitsschritte für ein eigenes E-Book notwendig: Formatierung, Design, Marketing. Diese Aspekte sind derart umfangreich, dass Sie sich Hilfe für zumindest einen der Arbeitsschritte holen sollten. Möchten Sie alles selbst machen, so finden Sie zur Formatierung Anleitungen bei einer Google-Suche, fürs Design ist das Tool Canva[62] eine große Hilfe, und das Marketing halten Sie

---

[62] https://www.canva.com/q/pro/

einfach, indem Sie jede Woche ein paar Bewertungen kaufen oder durch Freunde und Bekannte das Buch positiv bewerten lassen.

Das Amazon-KDP wurde nur kurz beschrieben, weil keine Zahlungsströme garantiert sind. Zudem ist auf die ersten Einkünfte üblicherweise mindestens einige Monate zu warten, und es kann infolge eines ausgelagerten Designs zu Investitionskosten kommen. Sollten Sie bereits länger als Texter für Auftraggeber tätig sein und einen Einblick in die Verfassung von E-Books bekommen haben, dann empfiehlt sich das Self-Publishing eher als wenn Sie noch keine Erfahrungen einbringen können. Mit dem ersten gesammelten Erfahrungsschatz und Einblick in die Abläufe wird es hingegen leichter. Glückt Ihnen das Self-Publishing und Sie erzielen Einkünfte, so handelt es sich um passives Einkommen: Einmal veröffentlicht, verzeichnet das E-Book monatliche Einkünfte, ohne dass Sie es neu verfassen müssten.

Hinweis!

An dieser Stelle soll betont werden, warum passives Einkommen **nie rein** passiv ist. Es mag sein, dass Sie durch Buchverkäufe passiv Geld verdienen. Aber wenn Konkurrenten den Markt betreten oder negative Bewertungen für Ihr E-Book dessen Platzierung in den Suchergebnissen verschlechtern, hat das passive Einkommen eventuell nicht mehr lange Bestand. Dann können zumindest Nachjustierungen beim Marketing notwendig werden. Legen Sie sich also nie komplett auf die faule Haut, nur weil es andere machen und sich mit „passivem Einkommen" brüsten. Bleiben Sie zumindest teilweise aktiv.

Design

> **Das Wichtigste in Kürze:**
> ➢ Erste Geldströme: Sofort bis wenige Wochen
> ➢ Schwierigkeitslevel: Mittel bis Hoch
> ➢ Angebot an Jobs: Hoch
> ➢ Planungsfreiheit bei der Ausübung: Größtenteils frei

Ein Designer darf sich überall dort verpflichtet fühlen, wo einer Sache ein ansprechender Look gegeben werden soll. Beim Webdesign geht es darum, Websites zu designen und ihnen ein gutes Aussehen zu geben. Das Logodesign erfordert das Mitwirken an der Schaffung einer Unternehmensidentität, denn die Unternehmer werden gewisse Wünsche äußern, wie sich das angestrebte Unternehmen samt seinen Werten farblich und vom Motiv her in Logos niederschlagen soll. Wer Grafikdesign ausübt, wird Bilder für Bücher, Websites, Alben oder andere Anlässe bearbeiten. Alle drei Arten des Designs sind in den Details verschieden, erfordern aber im Groben dasselbe: Den Sinn für eine ansprechende und anziehende Gestaltung.

Wenn Sie sich in einem der genannten Bereiche als fähig erachten, dann haben Sie gute Chancen auf die Tätigkeit als Designer. Das Schwierigkeitslevel ist auf mittel bis hoch anzusetzen, denn einerseits müssen umfassende Fähigkeiten und Erfahrungen im Design gegeben sein, andererseits wird es selbst bei einer soliden Arbeit häufig zu Nachbesserungswünschen des Auftraggebers kommen. Letzteres liegt in der Natur der Sache, denn mit dem ersten Design absolut die Vorstellungen des Auftraggebers zu treffen, ist nicht nur anstrengend, sondern ein Stück weit eine utopische Vorstellung. Dafür ist das Honorar – dazu mehr in den kommenden Abschnitten

– meistens äußerst fair. Denn während nahezu jede Person irgendwie Texte verfassen oder Telefonate bei der Virtuellen Assistenz erledigen kann, ist es beim Design anders. Das Design erfordert Talent und/oder Erfahrung. Beides ist nicht wie Sand am Meer zu finden. Die ersten Geldströme treten beim Design durchaus schnell ein, denn direkt nach Erledigung eines Auftrags wird vergütet. Das Angebot an Jobs ist hoch, die Planungsfreiheit bei der Ausübung größtenteils uneingeschränkt. Hin und wieder kann es vorkommen, dass Sie eine enge Deadline zur Fertigstellung eines Auftrags erhalten, aber dies ist eine absolute Seltenheit.

Webdesign

Beginnen wir mit der ersten Kategorie, dem Webdesign. Dieses sieht das Design von Websites, den Internetpräsenzen und digitalen Visitenkarten von Unternehmen, vor. Wie im Online-Marketing heutzutage üblich, gibt es Auftraggeber, denen in erster Linie an einer schnellen Fertigstellung der Website liegt. Diese haben geringe Ansprüche. Als krassen Gegensatz gibt es Auftraggeber mit den höchsten Ansprüchen. Bei Letzteren müssen Sie aufpassen, dass den Auftraggebern wirklich das *Design* genügt, und nicht Programmierungen der Website gewünscht sind. Ist Letzteres der Fall, so nehmen Sie Abstand vom Auftrag. Denn ohne Vorkenntnisse zu programmieren, gleicht einem Himmelfahrtskommando.

Beim Webdesign arbeiten Sie mit sogenannten Content-Management-Systemen (CMS). Einige der bekanntesten CMS sind WordPress[63], Contao[64], Joomla![65] und TYPO3[66]. Ich werde

---

[63] https://de.wordpress.com/
[64] https://contao.org/de/
[65] https://www.joomla.de/
[66] https://typo3.org/

Ihnen im Folgenden einige Einblicke geben, wie bei Word-Press Websites designt werden. Unter sämtlichen CMS konnte ich mich bei WordPress bisher stets am besten zurechtfinden. Nicht nur mir ergeht es so. Contao ist eher Personen nahezulegen, die bereits Programmierkenntnisse vorzuweisen haben. An Joomla! und TYPO3 habe ich mich bisher nie vorgewagt, wofür zum einen Zeitmangel, zum anderen absolute Zufriedenheit mit WordPress die Gründe sind. Da es dauert, mit einem CMS warm zu werden, empfehle ich, dass Sie sich anfangs komplett auf WordPress fokussieren. Die meisten Websites werden mit WordPress betrieben, was Ihnen das Maximum an Kundenpotenzial verschafft, sofern Sie mit diesem CMS arbeiten.

Nachdem eine Domain bestellt/gekauft wurde, gehen Sie bei Ihrem Provider in den Account. In unserem Beispiel ist es STRATO. Sie können WordPress mit einem Klick installieren. Anschließend loggen sich unter dem bei STRATO angegebenen Link sowie den Daten in Ihrem CMS ein. Es erscheint das Dashboard bei WordPress:

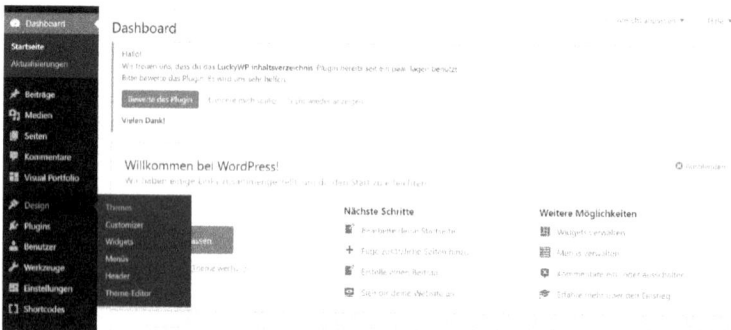

Quelle: WordPress

Unter dem Punkt „Design" links und dann „Themes" wählen Sie aus einer großen Datenbank an Vorlagen diejenige, die Ihnen am meisten zusagt. Hierfür klicken Sie auf „Neues

Theme hinzufügen" und segmentieren nach verschiedenen Filteroptionen:

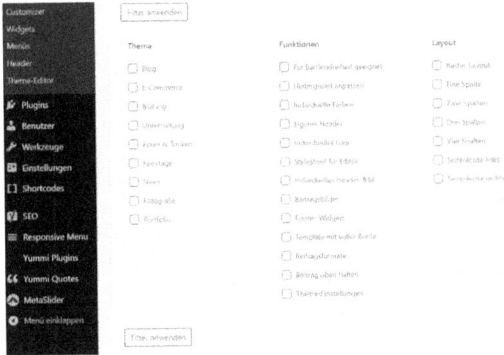

Quelle: WordPress

Sie können sich bei den Templates eine Vorschau anzeigen lassen, um zu sehen, ob die einzelnen Designs Ihren Vorstellungen für die Website entsprechen. Treffen Sie die Wahl für ein Template wohl überlegt, denn es ist das Grundgerüst für die von Ihnen designte Website. Veränderungen am Template sind möglich. Je eher das Template Ihren Vorstellungen von einem stimmigen Design entspricht, desto besser ist es. Für die Nutzung des Templates müssen Sie es durch Klick auf „Installieren" und nach der Installation durch Anwahl von „Aktivieren" bereit machen.

Gehen Sie anschließend im Menüpunkt „Design" ganz links auf den „Customizer", so haben Sie die ersten Möglichkeiten, Änderungen an der Website und speziell der Startseite vorzunehmen:

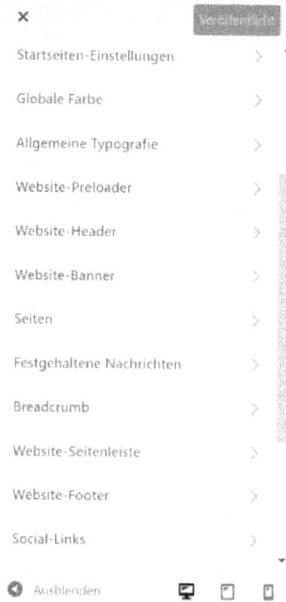

Quelle: WordPress

Unten im Screenshot sehen Sie außerdem Möglichkeiten zur Mobiloptimierung aufgeführt. Ein kleiner Hinweis: Der Customizer fällt bei nahezu jedem Template minimal anders aus.

Sobald die ersten Schritte im Customizer getan sind, können Sie die Möglichkeiten für das Design der Website erweitern, indem Sie unter „Plugins" im linken Menü im Dashboard Erweiterungen installieren. Diese Erweiterungen können weitreichend sein; es hängt von der Anzahl und Art der verwendeten Plugins ab. Hier ein Einblick auf die erste Seite, sobald Sie unter „Plugins" auf „Installieren" geklickt haben:

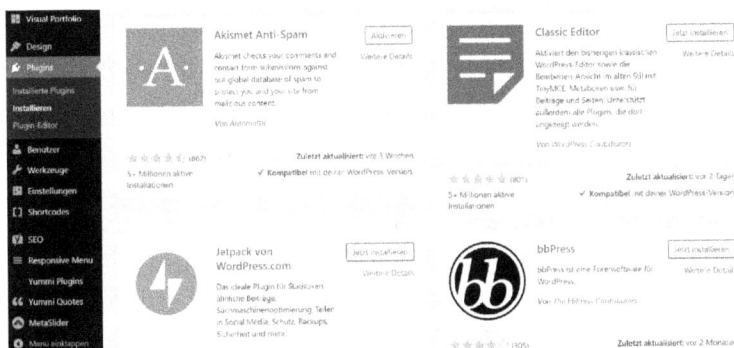

Quelle: WordPress

Oben – im Screenshot nicht zu sehen – gibt es noch eine Suchfunktion, in der Sie am besten auf Englisch das eingeben, was Sie durch das Plugin an Funktionen zu erhalten wünschen. Inhaltsverzeichnisse, erweiterte Designs, Suchmaschinen-Tools und Weiteres sind möglich.

Dies waren die ersten Schritte, den Rest müssen Sie allein gehen und sich mit Ratgebern durchwuseln. Es gibt im Internet reichlich auf das Thema Webdesign ausgelegte Bücher sowie Websites, die alles Notwendige erklären. Unter „Seiten" und „Beiträge" legen Sie zusätzliche Unterseiten für Ihre Website an, die Sie beliebig designen können.

Sobald Sie etwas Übung haben, können Sie auf professionellere Themes, die kostenpflichtig sind, umsteigen. Ich kann in diesem Zusammenhang nur die Website themeforest.net[67] nahelegen. Suchen Sie dort speziell nach dem Anbieter „The Gem". Mit den Templates können Sie für knapp 60 € pro Stück Websites so umfassend bearbeiten, als wären Sie ein Experte oder Programmierer.

---

[67] https://themeforest.net/

Was lernen wir daraus?

Wenn Sie nebenberuflich Zeit haben, dann dürfen Sie sich gern im Webdesign versuchen. Haben Sie bereits ein paar Erfahrungen, dann werden Ihnen ein bis zwei Wochen intensiver Praxis genügen, um ein Niveau zu erreichen, von dem aus Sie erste einfache Designarbeiten anbieten können. Ohne Vorerfahrungen müssen Sie die Anleitung soeben als eine erste Hilfe nehmen und selbst ein bis zwei Monate experimentieren, ehe Sie für Kunden an den Start gehen können. Webdesign ist unter den Design-Arbeiten also technisch anspruchsvoller, weswegen es wohl für den Großteil der „design-orientierten" Leser zum Start die falsche Entscheidung ist; zumal sich Auftraggeber wenig verständnisvoll zeigen, wenn die Erbringung der Dienstleistung an der simplen Nutzung von Templates scheitert. Ich persönlich mache Webdesign nur für mich und eigene Projekte. Möchten Sie online in großem Stil Geld verdienen, kommen Sie am Umgang mit hochpreisigen und multifunktionalen Vorlagen kaum vorbei. Von daher kann es Sinn machen, sich langsam ans Webdesign heranzutasten und nebenbei mit anderen Online-Jobs Geld zu verdienen. Beispielsweise können Sie mit Umfragen oder der Textverfassung die Zeit überbrücken, bis Sie imstande sind, Websites absolut ansprechend zu designen. Bei guten Fähigkeiten können Sie es erreichen, für das Design kleiner Websites mehrere Hunderte oder über 1.000 € bei wenigen Tagen Arbeit zu verdienen. Dies hängt aber maßgeblich von Ihrem Verhandlungsgeschick ab.

Wie Sie sehen, müssen Sie ein Stück weit gewitzt sein, um mehrere Online-Jobs gut zu kombinieren, sich job-übergreifend Fähigkeiten anzueignen und von einem Job zum anderen das Niveau und den Verdienst zu steigern. Nischenseiten im Webdesign beispielsweise gehören schon zu einer der anspruchsvolleren Disziplinen, die ein passives Einkommen von mehreren Tausenden Euro monatlich zur Folge haben können. Aber vor diesem passiven Einkommen beginnt alles mit den ersten Schritten im Webdesign.

Deswegen wird empfohlen, ohne Vorerfahrungen das Webdesign langsam selbst zu erlernen, um die eigenen Perspektiven zu steigern. Mit Vorerfahrungen dürfen Sie sich gern direkt als Webdesigner vermarkten.

Logodesign

Beim Logodesign gilt es zu bedenken, dass die rechtlichen Anforderungen sehr eng gesponnen sind. Wenn man sich mit dem einen oder anderen Fall auseinandersetzt, bei dem die Verwendung eines Schmetterlings als Bildsymbol im Logo als Markenrechtsverletzung eingestuft[68] wurde, wird mir bei dem Gedanken ans Logodesign mulmig: Tiermotive, die urheberrechtlich geschützt sind, können also – selbst wenn Sie im eigenen Logo anders dargestellt sind – als eine Verletzung des Markenrechts anerkannt und urheberrechtlich geahndet werden. Fühlen Sie sich bei den rechtlichen Aspekten jedoch sicher oder eignen Sie sich das rechtliche Fachwissen an, so dürfen Sie sich gern ermutigt fühlen, als Logodesigner durchzustarten. Professionelle Logodesigner verdienen an einem Logodesign in der Spitze mehrere Hunderte Euro.

Grafikdesign

Anders als beim Logodesign verhält es sich beim Grafikdesign. Zwar dürfen hier ebenfalls keine Urheber- oder Markenrechte verletzt werden, allerdings gibt es kein Gesetz, das Ihnen verbietet, ein Tiermotiv auf einem Buchcover zu verwenden. Es darf sich nur nicht um ein Foto handeln, das einer anderen Person gehört und das Sie auf dem Cover verwenden. Neben

---

[68] https://www.rgblog.de/logo-bildmarke-rechtsverletzung/

dem Cover wird Grafikdesign in einzelnen Buch-Seiten, bei PDF-Kursen, bei der Stockfotografie und in vielen anderen Segmenten benötigt. Sind Sie im Grafikdesign versiert, dann besteht die Möglichkeit, die Dienstleistung anderen anzubieten **und** zugleich selbst Bilder zu machen, zu bearbeiten und bei Fotostocks zu veröffentlichen. Durch diese Kombination erwirtschaften Sie schnell Einkünfte durch Ihre Kunden und arbeiten parallel am passiven Einkommen durch die Stockfotografie.

Meine Erfahrungen

Bei Logodesigns war ich vorsichtig, fürs Grafikdesign hatte ich wiederum kein Talent. Demnach war und bin ich immer nur beim Webdesign – und auch da nur für mich selbst – aktiv. Manchmal habe ich in Zusammenhang mit der Textverfassung PDF-Kurse designen dürfen. Dabei musste ich Lehrgeld zahlen und hatte einen hohen Aufwand. Aber gelernt und meine Fähigkeiten verbessert habe ich trotzdem. Ich kann Ihnen keine wertvollen Tipps geben, wenn Sie bereits gute Fähigkeiten im Design vorweisen. Doch für die Anfänger halte ich ein paar wertvolle Stichworte parat: Einheitlichkeit, Sparsamkeit und Nutzerfreundlichkeit. Bei meinem ersten Design eines PDF-Kurses verstieß ich gegen all diese Regeln. Einheitlichkeit sieht vor, dass Sie die Farben nicht kunterbunt variieren, wenn Sie einen PDF-Kurs oder ein Buch erstellen. Es muss sich alles an einer festen Basis orientieren. Die Sparsamkeit erfordert einen sparsamen Umgang mit Designmitteln, denn nicht jede Seite braucht Bebilderung, Info-Boxen und Fettmarkierungen ohne Ende. Hin und wieder alle paar Seiten ein Akzent ist viel wirkungsvoller. Zu guter Letzt die Nutzerfreundlichkeit: Insbesondere, wenn kleine Vorschaubilder designt werden, kommen hier des Öfteren Fehler vor. So werden detailreiche Bilder gewählt, die Nutzer auf der kleinen Größe eines Bildes kaum richtig

> *wahrnehmen können. Benutzen Sie bei kleinen Bildern Grafiken mit wenigen Details. Werden hingegen größere Bilder mit Texten kombiniert, so ist es essenziell, dass Bild und Text eine ansprechende Symbiose bilden, und sich nicht gegenseitig einschränken, weil beispielsweise der Text durch den Bildhintergrund kaum zu erkennen ist.*

Für das professionelle Design kommen Sie an kostenpflichtigen Bildbearbeitungsprogrammen nicht vorbei. Die bekanntesten Programme sind CorelDraw[69] und Adobe Photoshop[70]. Der Umgang mit den Programmen ist denkbar einfach und transparent, denn die zu verwendenden Werkzeuge sind weitestgehend selbsterklärend.

Quintessenz und Plattformen zum Dienstleistungsangebot

Die Quintessenz beim Design ist, dass es sich nur für Personen mit reichlich Kenntnissen, Erfahrungen sowie Expertise lohnt. Am besten wird bereits eine professionelle Software genutzt, sodass keine Zusatzkosten durch die Aufnahme der Tätigkeit als Designer entstehen. Denn professionelle Software kann um die 1.000 € im Jahr kosten. Von daher sind die Eintrittsbarrieren bei diesem Online-Job hoch. Erfüllen Sie die Anforderungen, dann ist es durchaus möglich, durch ein Logodesign Hundert Euro oder mehr schon beim ersten Auftrag zu verdienen. Auch Grafikdesigns für Bücher können hoch vergütet sein. Beim Webdesign ist es etwas anders: Es lohnt sich, dieses zu erlernen, um sich selbst neue Tätigkeiten bei der Ausübung der Online-Jobs zu eröffnen.

---

[69] https://www.corel.com/de/

[70] https://www.adobe.com/products/photoshop.html?promo-id=PC1PQQ5T&mv=other

Um die eigenen Dienstleistungen als Designer in den verschiedenen Kategorien anzubieten, gibt es Plattformen. Diese sind u. a. 99designs[71], Upwork[72] sowie die üblichen Freiberufler-Plattformen, die Sie für andere Jobs kennenlernen durften und noch kennenlernen werden. Darüber hinaus wird auf Jobbörsen häufig nach Designern gesucht. Bei einigen Angeboten auf ebay Kleinanzeigen, Indeed sowie weiteren Jobbörsen bestehen realistische Chancen darauf, dass Sie sogar Festanstellungen auf Minijob-Basis erhalten, was mit weniger bürokratischem Aufwand als die freiberufliche Ausübung verbunden ist.

Nachhilfe

> **Das Wichtigste in Kürze:**
> ➤ Erste Geldströme: Sofort bis wenige Wochen
> ➤ Schwierigkeitslevel: Einfach bis Mittel
> ➤ Angebot an Jobs: Hoch
> ➤ Planungsfreiheit bei der Ausübung: Größtenteils frei

Nachhilfe im Internet unterscheidet sich in der Praxis nicht signifikant von der Nachhilfe vor Ort. Das Einzige, das Sie als Nachhilfelehrer vom Schüler trennt, ist die physische Präsenz. Daran gewöhnen sich beide Seiten jedoch schnell, geht es bei der Ausübung der Tätigkeit schließlich nur um Zuhören und Umsetzen. Einzig und allein beim Durchblättern der Seiten oder der Kommunikation über bestimmte Abschnitte in Büchern oder Heften kann es ein bisschen dauern, bis beide Seiten wissen, welche Stelle gemeint ist. Daher lässt sich das Schwierigkeitslevel als „Einfach bis Mittel" einstufen. Dass Sie

---

[71] https://99designs.de/
[72] https://www.upwork.com/

fachliche Qualifikationen in dem Fach, das Sie unterrichten, haben müssen, wird an dieser Stelle aufgrund der Selbstverständlichkeit ignoriert. Das Angebot an Jobs ist hoch, in Krisenzeiten wie der Corona-Krise war/ist (Stand: April; die Zukunft ist noch ungewiss) es sogar noch höher. Es darf sogar davon ausgegangen werden, dass der Nachhilfeunterricht auf digitalem Wege ein Zukunftsmodell ist. Bei der Planung haben Sie größtenteils absolute Freiheit. Einzig und allein die Termine zu Nachhilfestunden müssen Sie einhalten, aber diese lassen sich flexibel mit den Schülern absprechen. Geben Sie Nachhilfeunterricht über zwischengeschaltete Schulen, Vermittler oder Agenturen, bekommen Sie Ihr Honorar in der Regel nach wenigen Wochen ausgezahlt. Finden Sie Ihre Kunden privat über ebay Kleinanzeigen, Schwarzes Brett, Indeed, ein anderes Jobportal oder eine eigene Website, so haben Sie die Gelegenheit, die Zahlungszeiträume flexibel auszumachen, was damit einhergeht, dass die Möglichkeit auf sofortige Auszahlungen wenige Tage oder unmittelbar nach dem Auftrag besteht.

Qualifikationen und Fächer

Wenn Sie Nachhilfeunterricht über zwischengeschaltete Akteure – wir werden uns professionelle Anbieter ansehen – geben, so sind schriftliche Qualifikationen für die Ausübung des Jobs unumgänglich. Bei einigen Anbietern genügt es, gute Zeugnisnoten als Beleg vorzulegen. Üblich sind allerdings eingeforderte Zeugnisse der Fachschulreife, aus dem Studium oder Nachweise einer beruflichen Tätigkeit als Lehrer oder Dozent im jeweiligen Fach.

Suchen Sie sich Ihre Nachhilfeschüler wiederum selbst über Job-Portale oder Schwarze Bretter, so ist es sehr wahrscheinlich, dass Sie keine oder nur geringfügige Qualifikationsnachweise erbringen müssen. Für gewöhnlich fordert keiner der Nachhilfesuchenden ein, dass Sie als Lehrer tätig waren. Bei jungen Schülern (bis 15 Jahre) bzw. bei deren Eltern, die nach Nachhilfelehrern suchen, reicht es meistens aus, wenn Sie nachweisen, Ihr Abitur oder Ihren Schulabschluss mit einer sehr guten Note in dem Fach abgelegt zu haben. Wie üblich, ist vieles Verhandlungssache bei Jobbörsen. Beim Fremdsprachenunterricht haben Sie meistens gute Karten, ohne jegliche schriftliche Nachweise Nachhilfe geben zu können. Sie müssen nur in einem Gespräch belegen, dass Sie beide Sprachen fließend beherrschen.

Meine Erfahrungen

Ich habe mich als Nachhilfelehrer nur fünf Monate lang online versucht. Im Verlaufe dieser fünf Monate habe ich knapp über 35 Stunden gegeben und meistens 15 Euro pro Stunde verdient. Es waren somit etwas mehr als 630 €; ganz genau erinnern kann ich mich an den Gesamtbetrag und die Anzahl der Stunden nicht. Einige wenige Stunden waren mit 20 Euro vergütet. Meine Stärken lagen immer in Fremdsprachen, weswegen ich mich auf Englisch und Spanisch ausrichtete; es war direkt nach der Schule, als ich beide Sprachen noch fließend beherrschte. Ich ging auf Kundensuche über ebay Kleinanzeigen und das Schwarze Brett Bremen. Seinerzeit wohnte ich in Bremen. Die Kurse hielt ich über Skype ab, um mir neben meinem Minijob vor dem Studium noch etwas dazuzuverdienen. Ich würde es rückblickend nicht als die professionellste Art der Ausübung von Online-Nachhilfe bezeichnen, aber ihren Zweck haben die Nachhilfestunden erfüllt. Ohne die Eintrittsbarrieren einer zwischengeschalteten Plattform konnte ich jeden Monat im Schnitt knapp über 100 € verdienen. Für die paar Stunden Arbeit war das ein netter Zusatzverdienst. Damals ging es mir nicht um mehr.

An Fächern mangelt es zum Unterrichten nicht. Auf die Anzahl der Fächer wirkt sich die Online-Nachhilfe positiv aus. Würden

Sie nur lokal in Form von Besuchen Nachhilfe geben, so hätten Sie das Problem, dass einige Fächer – aufgrund der verschiedenen Verbreitung an Schulen in einzelnen Bundesländern – selten bis gar nicht gefragt wären. Doch online schöpfen Sie aus einer Fülle an Fächern:

- ✓ Sprachen (v. a. Deutsch, Englisch, Spanisch, Französisch, Latein; aber auch Chinesisch und Arabisch gewinnen aufgrund der internationalen Studenten und Einwanderer an Bedeutung)
- ✓ Mathematik
- ✓ Physik
- ✓ Biologie
- ✓ Chemie
- ✓ Politik (eher seltener)
- ✓ Geografie
- ✓ Sachunterricht
- ✓ Geschichte
- ✓ Musik (online nur Theorie)
- ✓ Religion
- ✓ Rechnungswesen
- ✓ Sport (online nur Theorie)

Je nach Fach, sind die jeweilige Klasse und die Ansprüche zu beachten. Nachhilfe für Grundschüler kann zwar fachlich anspruchslos sein, aber pädagogisch eine absolute Herausforderung. Haben Sie keine Erfahrung im Umgang mit Kindern im Grundschulalter und Zweifel an Ihrer Kompetenz diesbezüglich, dann empfiehlt es sich, durch Nachhilfe für Schüler weiterführender Schulen (Gymnasium, Realschule, Hauptschule) den besonders jungen Nicht-Teenagern aus dem Weg zu gehen.

Plattformen für den Einstieg

Falls Ihnen die eigene Suche in Jobbörsen widerstrebt, finden Sie als Alternative Plattformen bzw. Anbieter vor, die als zwischengeschaltete Stelle zwischen Nachhilfeschülern und Lehrern vermitteln. Hier können Sie das Honorar nicht verhandeln. Stattdessen richtet es sich nach Ihren Qualifikationen, die bei den Plattformen verschieden streng eingefordert werden. Leider fehlen mir persönlich bei den einzelnen Plattformen die Erfahrungen, aber das sollte für Sie kein Hindernis sein, selbst Erfahrungen zu machen.

Die drei Anbieter Studienkreis[73], sofatutor.com[74] und NOTE EINS®[75] sind für den Anfang absolut seriöse Anlaufstellen. Während Studienkreis und sofatutor.com bekannt sind und sogar im Fernsehen beworben werden, handelt es sich bei NOTE EINS® um einen kleinen und besonders auf Qualität bedachten Anbieter. Nachhilfelehrer, die kein Lehramtsstudium vollendet haben, müssen das Fach, in dem sie Nachhilfe geben, zumindest studieren und obendrein für die Nutzung der Plattform Geld zahlen.

Obwohl mir, wie bereits erwähnt, die eigenen Erfahrungen zu einem vollumfänglichen Urteil über die Plattformen fehlen, wird aus den Preisen für Schüler ersichtlich, dass Sie maximal mit fünf bis 15 € Stundenhonorar rechnen dürfen. Denn wer als Anbieter Stunden ab 8,95 € für Schüler anbietet und Nachhilfelehrer bezahlt, selbst aber Profit machen möchte, muss einen gewissen Satz vom Stundenhonorar für die eigene Finanzierung aufwenden. Folglich sind Stellengesuche zur Nachhilfe über Jobbörsen oder selbst geschaltete Anzeigen

---

[73] https://www.studienkreis.de/

[74] https://www.sofatutor.com/

[75] https://www.noteeins.de/online-nachhilfe.html

lukrativer. Die Angebote der Plattformen können Sie nutzen, wenn Sie sich über Jobbörsen mit Arbeit nicht auslasten können und zu viel Freizeit haben.

Soziale und erfüllende Tätigkeit

Letzten Endes ist der Nebenverdienst über die Online-Nachhilfe für die Leute, die die Tätigkeit ausüben, meistens nur eine Zwischentätigkeit für wenige Monate, um die Zeit zwischen verschiedenen Jobs, Job und Studium oder anderen Zeiträumen zu überbrücken. Wirklich rentieren wird sich der Job unter finanziellen Gesichtspunkten nicht. Wenn jemand die Tätigkeit längere Zeit ausübt, dann, weil er den Dreh raus hat, sich mit den Nachhilfeschülern gut versteht, die Arbeit ihm leicht fällt und über allem der soziale Mehrwert steht: Menschen zu helfen, ist einigen beim Nebenverdienst nicht unwichtig. In diese Erwartungen gliedert sich der Nachhilfeunterricht ein. Reich werden oder hauptberuflich aktiv sein über die Nachhilfe können Sie mit der höchsten Wahrscheinlichkeit nur, wenn Sie ein Online-Unternehmen dafür eröffnen und selbst Nachhilfelehrer als Freiberufler einsetzen. Diesen Weg zu gehen, ist für Sie Stand jetzt eine unfaire Aussicht und fernab der Realisierung. Nutzen Sie den Nachhilfeunterricht daher nur in kleinem Rahmen und als Nebenverdienst! Dann finden Sie ausreichend Jobs über Jobbörsen mit vernünftigen Stundensätzen von mindestens zehn bis 20 €. So macht der Nebenverdienst Spaß, wenn es monatlich bei wenig Zeitaufwand 100 bis 300 € gibt. Aber über diesen Horizont hinaus, ist Nachhilfe nebenberuflich anstrengend und bietet kaum Aufstiegsperspektiven.

Affiliate-Marketing über Blogs und Nischenseiten

Das Wichtigste in Kürze:
➢ Erste Geldströme: Mehrere Monate
➢ Schwierigkeitslevel: Mittel bis Hoch
➢ Menge an monetarisierbaren Themen: Hoch
➢ Planungsfreiheit bei der Ausübung: Frei

Blogging, Affiliate-Marketing und Nischenseiten werden zusammen abgehandelt. Grund dafür ist, dass es weitläufige Überschneidungen zwischen diesen Verdienstvarianten gibt. Beginnen wir mit einigen Definitionen:

✓ Blogging: Wer einen Blog betreibt, schreibt zu einem gewissen Thema (z. B. Ketogene Ernährung, Sicherheit im Internet, externe Festplatten usw.) regelmäßig Beiträge. Auch persönliche Blogs sind möglich, sofern es Interessantes aus dem eigenen Leben zu berichten gibt.
✓ Affiliate-Marketing: Beim Affiliate-Marketing werden Links (Weiterleitungen zu anderen Websites) platziert. Klicken Kunden darauf und schließen auf den Websites Käufe ab, dann gibt es eine Provision am Verkaufspreis zur Vergütung.
✓ Nischenseiten: Bei Nischenseiten werden Nischenprodukte ausgewählt, zu denen Websites erstellt werden. Diese Nischenprodukte und andere dazu passende Produkte haben den Vorzug, dass es im Gegensatz zu bekannten Produkten kaum Konkurrenz gibt, aber dennoch genug Klientel, um sich im Web zu den oberen Suchergebnissen vorzukämpfen.

Der Zusammenhang dieser drei Online-Tätigkeiten besteht darin, dass das Blogging und die Nischenseiten zwei verschiedene Kanäle sind, über die Affiliate-Marketing betrieben werden kann. Beide – sowohl Blog als auch Nischenseite – erfordern Kenntnisse im Webdesign zur praktischen Umsetzung. Bei den Nischenseiten sind zudem weitere Kenntnisse in der Nutzung verschiedener Plugins und Erstellung von Vergleichstabellen notwendig. Folglich sind die Nischenseiten als anspruchsvolle Tätigkeit anzusehen. Wenn ein neuer Blog oder eine neue Nischenseite erstellt sind, wird es meistens mehrere Monate dauern, bis die Websites Besucher anziehen und Umsätze generieren. Durch Mund-zu-Mund-Werbung sowie Hinweise über soziale Medien auf die Inhalte und den Blog bzw. die Nischenseite kann es schneller zu Besucherströmen sowie Umsätzen kommen. Dennoch ist die Tätigkeit auf Geduld ausgelegt. Dafür ist die Menge an monetarisierbaren Themen groß, da es für Blogs reichlich Nischenthemen und für Nischenseiten genug Nischenprodukte gibt. Die Planungsfreiheit bei der Ausübung ist unbegrenzt, denn allein Sie entscheiden, in welchem Tempo Sie Ihren Blog bzw. Ihre Nischenseite aufbauen. Nach dem Aufbau und bei einem guten Ranking in den Suchmaschinen von Google dürfen Sie sich über passives Einkommen freuen, weil Personen Ihre Website besuchen und Käufe über die Links tätigen – so der Idealfall, der durchaus aufgehen kann. Wie der Weg dahin verläuft, was beim Affiliate-Marketing, bei Blogs und Nischenseiten zu beachten ist, und wie meine Erfahrungen damit ausfallen, erfahren Sie in den nächsten Abschnitten.

Grundlegendes zum Affiliate-Marketing

Das Affiliate-Marketing wurde in den USA entwickelt und lässt sich als ein Partnerprogramm bezeichnen. Dabei arbeiten der Affiliate (Betreiber eines Blogs, einer Nischenseite oder einer anderen Informationsplattform, auf der zu Produkten verlinkt wird) und der Verkäufer zusammen. Das bekannteste

Affiliate-Programm ist das von Amazon. Auch ebay, andere Verkaufsplattformen und größere Handelsketten bieten Partnerprogramme an. Hinweise diesbezüglich finden Sie auf den Websites für gewöhnlich im Footer in der Nähe des Impressums. Die entsprechenden Konditionen und Provisionssätze lassen sich dort herauslesen. Amazons PartnerNet beispielsweise bietet unter dem Menüpunkt Werbekostenerstattung[76] eine Übersicht über die Provisionssätze. Dadurch, dass Sie Produkte von Amazon auf Ihrer Website verlinken und Ihre Website-Besucher durch Klick auf Amazon weitergeleitet werden, erhalten Sie bei Käufen der Besucher eine Provision für die erfolgreiche Vermittlung.

Eine Anmeldung für ein Partnerprogramm verläuft bei Amazon PartnerNet unter diesem Link[77] durch Klick auf „Registrieren". Anschließend werden Name, Adresse und Kontaktdaten eingegeben, ehe im darauffolgenden Schritt die Angaben zum gewünschten Produkt von Amazon eingefordert werden. Ich habe mir als Produkt beispielsweise die Fahrradträger für Anhängerkupplungen ausgesucht:

Quelle: partnernet.amazon.de

---

[76] https://partnernet.amazon.de/help/operating/schedule/
[77] https://partnernet.amazon.de/

Dies ist ein Ausschnitt der von Amazon gewünschten Angaben. Die Website oder App zum Affiliate-Marketing muss bereits vorhanden sein, um ein Partnerprogramm anlegen zu können. Eine Partner-ID ist beliebig wählbar. So sieht es nach dem Ausfüllen aller angeforderten Daten aus:

Vielen Dank für Deine Bewerbung zur Teilnahme am Amazon.de Partnerprogramm. Sobald Du drei qualifizierte Verkäufe erreicht hast, überprüft unser Team die mit Deiner Bewerbung verknüpften Websites oder Social-Media-Konten, um sicherzustellen, dass Du die Teilnahmebedingungen des Amazon EU-Partnerprogramms einhältst.

Land   Partner ID

Amazon.de-Partnerprogramm   tabduuntrarage-11   ✓

Melde Dich bei einem weiteren Amazon EU-Partnerprogramm an.

Nutze die Gelegenheit und melde Dich hier zu einem weiteren Amazon EU-Partnerprogramm an. Du musst Deine Daten hierbei nicht noch einmal eingeben. Hinweis: Du erhältst für jedes der Partnerprogramme (Amazon.co.uk, Amazon.fr & Amazon.de) eine eigene Partner-ID.

Alle Amazon EU-Partnerprogramme unterliegen den Teilnahmebedingungen des EU-Partnerprogramms.

Afiliados de Amazon.es   Jetzt anmelden   oder zur Startseite

Club Partenaires Amazon   Jetzt anmelden   oder zur Startseite

Amazon.co.uk Associates   Jetzt anmelden   oder zur Startseite

Quelle: partnernet.amazon.de

Weiter unten müssen die Auszahlungs- sowie Steuerdaten angegeben werden, was im Screenshot nicht zu sehen ist. Die Angabe kann auch auf einen späteren Zeitpunkt verschoben werden. Nach drei Verkäufen über die Nischenseite wird geprüft, ob die Nischenseite die Anforderungen des Partnerprogramms bei Amazon erfüllt. Sollten in einem Zeitraum von mehreren Monaten die drei Verkäufe nicht erfolgen, wird das Partnerprogramm von Amazon beendet, kann aber jederzeit wiederaufgenommen werden.

Im ersten Bildschirm nach dem letzten Screenshot werden schließlich die Produktlinks erstellt und andere Maßnahmen vorgenommen:

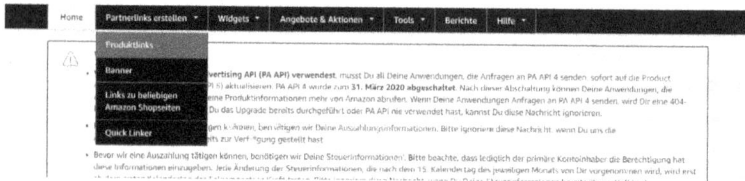

Quelle: partnernet.amazon.de

Bei der Erstellung der Produktlinks sind die Produkte aus den Amazon-Kategorien auszusuchen. Die Links, die vom Partner-Net angegeben werden, sind für die Verlinkungen im Blog oder auf der Nischenseite anzuwenden, damit Verkäufe sowie Provisionen zugeordnet werden können. Zudem lassen sich bei Amazon Banner erstellen.

Meine Erfahrungen

Amazon macht es gut! Der Anbieter stellt mehrere Funktionen zur Verfügung, um das Affiliate-Marketing maximal zu vereinfachen. Bei ebay verhält es sich ähnlich. Schwieriger wird es bei Unternehmen, die keine umfassenden Handelsplattformen sind. Ich habe einmal Produktvergleiche für Supplemente erstellt und wollte dabei ein separates Partnerprogramm mit MyProtein, dem europaweit größten Supplementhersteller, abschließen. Die Arbeitsschritte bis zum Erstellen der Partnerlinks waren zwar einfach umsetzbar, aber es wurde bei weitem nicht dieselbe Menge an Tools zur Verfügung gestellt, wie Amazon es macht. Dementsprechend – und nicht zuletzt aufgrund der enormen Produktauswahl – würde ich Ihnen immer das PartnerNet von Amazon nahelegen. Dieses sollte die Basis Ihres Affiliate-Marketings bilden.

Mehr als die generierten Affiliate-Links braucht es zum Geldverdienen mit Affiliate-Marketing nicht. Grundsätzlich ist es vorteilhaft, neben Amazon möglichst viele andere

Handelsplattformen (z. B. ebay[78], idealo[79]) einzubinden. Dadurch können die Kunden umfangreicher vergleichen und haben höhere Aussichten auf Ersparnisse. Diese Ersparnisaussichten begünstigen, dass sich die Kunden eher dafür entscheiden, über Ihre Links zu kaufen.

Einen Blog aufsetzen

Mit einem Blog Affiliate-Marketing zu betreiben, ist einer der einfachsten Wege. Ihnen bleiben umfassende Produktvergleiche, das Anlegen von Vergleichstabellen und hochwertige Ratgebertexte erspart. Stattdessen schreiben Sie zu einem beliebigen Thema locker Ihre Texte. Sie können die Texte thematisch kategorisieren. Alternativ – und das ist die einfachste Variante – nutzen Sie ein Blog-Theme bei WordPress und machen Gebrauch von der chronologischen Anordnung der Blogbeiträge. Dann haben Sie wenig Arbeit.

Bei einem Blog ist es ratsam, dass Sie frei von der Leber wegschreiben. Bewegen Sie sich nicht in fachlichen Themen, dann lieben die Leser es, wenn Sie einen lockeren Ton walten lassen. Die Beiträge dürfen gern von 300 bis 1.000 Wörtern reichen. Somit haben Sie bei jedem Blogbeitrag ein leichtes Spiel. Bei Gelegenheit binden Sie einen Affiliate-Link ein, der zum jeweiligen Wort im Text passt. Bei Texten mit 1.000 bis 2.000 Wörtern dürfen es auch gern zwei bis drei Affiliate-Links sein. Wichtig ist nur, dass Sie Ihre Beiträge nicht mit Affiliate-Links ausstopfen, weil sonst der Lesespaß verloren geht und der Nutzer merkt, dass es Ihnen um nichts anderes als eine Monetarisierung des Blogs geht.

---

[78] https://www.ebay.de/
[79] https://www.idealo.de/

> **Hinweis!**
>
> Auch, wenn bei Blogbeiträgen keine Vergleichstabellen notwendig sind, können Sie diese hin und wieder gern integrieren. Sofern es eine Tabelle ist, die Mehrwert bietet und den Lesern weiterhilft, wird es positiv aufgefasst werden. Schlimmer hingegen fällt das Urteil der Leser aus, wenn Sie gezielt Tabellen nur aus Gründen der Monetarisierung einbinden; klar, Sie möchten Geld verdienen, aber wenn Sie es auf Biegen und Brechen machen, verlieren Sie die Sympathien der Leser. Und Sympathien sind für Blogs eine Lebensversicherung. Setzen Sie daher immer den Lesespaß und die lockere Vermittlung hochwertiger Informationen in den Vordergrund.

Um das Schreiben zu erleichtern, gebe ich Ihnen einige Ratschläge zur Textverfassung bei Blogs. Diese Ratschläge werden Ihnen auch bei der bereits beschriebenen Textverfassung für Auftraggeber – falls dies für Sie beim Geldverdienen zur Debatte steht – eine Hilfe sein. Ich nenne Ihnen die wichtigsten Dinge in 10 Stichpunkten mit knappen Erläuterungen.

10 Tipps für das Verfassen von Blogtexten

1. **Recherchieren Sie in mehreren und stets aktuellen Quellen!** Versuchen Sie, aus den Recherchen einen Beitrag zu erstellen, der inhaltlich mehr in die Tiefe geht als es bei Konkurrenten der Fall ist. So erlangen Sie Ansehen bei der Leserschaft.

2. **Schreiben Sie nur, wenn Sie den Inhalt verstanden haben!** Der Leser wird es merken und den Inhalt dann meistens selbst nicht verstehen.

3. **Variieren Sie die Satzanfänge!** Vermeiden Sie es, dass die Sätze immer gleich beginnen. Sonst wird der Leser meistens schon bei der Einleitung abspringen.

4. **Verwenden Sie viele Adjektive und eine bildhafte Sprache!** Haben Sie nicht den Anspruch absoluter Fachlichkeit bei Ihren Texten, sondern eine lockere Zielgruppe, dann führt kein Weg an einer an Adjektiven und Bildern reichen Sprache vorbei. Bei Lesern startet dadurch das Kopfkino, was sich positiv auf den Unterhaltungsfaktor Ihres Blogs auswirkt.

5. **Lesen Sie Ihre Texte nach der Fertigstellung zur Korrektur durch!** Sie entdecken auf diese Weise Fehler und bessern diese rechtzeitig vor der Textveröffentlichung aus.

6. **Binden Sie die Affiliate-Links natürlich ein!** Ein Affiliate-Link für eine Bohrmaschine wird nicht verlinkt, wenn es in dem Artikel nicht irgendwo um Bohrmaschinen geht.

7. **Vermeiden Sie die Formulierung „man"!** Dieses Personalpronomen ist unpersönlich und stilistisch alles andere als schön. Besser ist die direkte Leseransprache mit „du" oder „Sie". Bei Blogs wird eher geduzt.

8. **Nutzen Sie kein „hätte", „könnte", „sollte" in jedweder Form oder Ableitung!** Diese Wörter sind entweder spekulativ oder repräsentieren unklare Anweisungen. Der Leser erhält durch diese Wörter keinen Mehrwert.

9. **Schlafen Sie eine Nacht drüber!** Mit zeitlichem Abstand zum eigenen Werk werden einem die Dinge klarer. Wenn Sie eine Nacht über Ihren Text geschlafen haben – bei langen Texten gern mehr – und sie ihn dann noch einmal

durchlesen, werden Ihnen entscheidende Potenziale zur Optimierung auffallen.

10. **Lockern Sie den Text auf!** Auflockerungen von Texten durch Zwischenüberschriften, Aufzählungen, Tabellen und ähnliche Mittel sind gern gesehen.

Ein Blog lässt sich zudem mit Werbebannern monetarisieren. Wenn Sie zum Beispiel an Google AdSense teilnehmen, erhalten Sie für geschaltete Werbebanner Vergütungen. Diese richten sich nach der Anzahl der Klicks auf das Werbebanner oder werden nach einem anderen individuellen Muster abgerechnet. Blogs sind also mehr als nur Affiliate-Marketing-Kanäle.

Eine Nischenseite erstellen

Nun wird es komplizierter. Denn Nischenseiten dienen gezielt der Vermarktung von Produkten. Damit Nischenseiten funktionieren, muss ein besonders starker inhaltlicher Mehrwert für Leser gegeben sein. Es kommt auf die Produktion hochwertiger Ratgeberinhalte an. Aber gehen wir Schritt für Schritt und langsam vor…

Es beginnt alles mit einer Nische. Um eine Nische zu finden, benötigen Sie entweder SEO-Programme oder eine gehörige Menge Geduld. Angeraten sind immer SEO-Programme, da Sie dadurch auch die Keywords für die Verfassung der Texte finden. Es geht bei einer Nische darum, eine Marktlücke zu finden. Der Markt für Herrenschuhe mag groß sein, aber der Markt für Budapester ist begrenzt. Dies ist ein Beispiel, wie Sie eine Nische finden. Sie fangen bei einer größeren Produktkategorie an und gehen dann Schritt für Schritt ins Detail, bis Sie ein Produkt finden, das im Internet nicht ausreichend mit Inhalten und Angeboten abgedeckt ist, aber eine hohe Nachfrage verzeichnet. Das mit der Nachfrage ist natürlich ein Problem: Sie können die Nachfrage ohne SEO-Programme nicht einschätzen. Deswegen ist es am besten, ein SEO-Programm zu nutzen. Informieren Sie sich im Internet, denn SEO-Tools gibt es wie Sand am Meer. In diesem Buch ausführlicher darüber zu berichten, würde den Rahmen sprengen.

Die Bedienung der SEO-Tools ist einfach. Sie geben in der Suchleiste Ihre Nischenidee als Keyword ein und erhalten dann die Suchvolumina. Es gilt: Je höher die Nachfrage bzw. das Suchvolumen durch Nutzer bei gleichzeitig geringer Konkurrenz, desto geeigneter ist Ihre Nische. Wie ausgeprägt die Konkurrenz ist, erfahren Sie in den SEO-Tools anhand einer Angabe, die jeder SEO-Anbieter anders bezeichnet. Die einen geben die Competition als einen prozentualen Wert an, die anderen nennen es die Topic Difficulty und schätzen die Schwierigkeit eines Themas für gute Rankings in der Suchmaschine auf einer Skala von 1 bis 10 ein. Was auch immer und wie auch immer es angegeben wird: Beachten Sie, dass eine Nische wirklich eine Nische ist, denn ansonsten wird es Ihnen kaum möglich sein, sich gegen die breite Masse an Konkurrenten durchzusetzen.

> **Hinweis!**
>
> Gleichzeitig müssen Sie darauf achten, inwiefern sich Ihre Nische dafür eignet, monetarisiert zu werden. Nischen, die sich über Produkte kaum abdecken lassen, machen demnach herzlich wenig Sinn – es lässt sich schließlich kein Produkt zum Verkauf verlinken. Prüfen Sie deswegen die Verfügbarkeit der Nischenprodukte auf den Verkaufsportalen, mit denen Sie zusammenarbeiten und ein Partnerprogramm unterhalten.

Sie werden im Folgenden den gesamten Ablauf anhand einer Nische erklärt bekommen, die ich vor knapp einem Jahr begonnen habe und noch bearbeite. Es handelt sich um die Nische „Fahrradträger für Anhängerkupplung", die mittlerweile eine anspruchsvolle Nische ist, weil viele Nischenseiten als Konkurrenten präsent sind.

Es geht bei einer Nische darum, dass Sie hochwertige Inhalte kreieren, um den Besuchern Ihrer Website bei der Kaufentscheidung eine Hilfe zu sein. Deswegen genügt es nicht, ein bis zwei Webseiten und eine nette Homepage zu schaffen. Es ist unerlässlich, dass Sie – um gegen die breite Masse an Konkurrenten zu bestehen und höhere Platzierungen in der Suchmaschine zu erhalten – ein umfangreiches Themenkonstrukt erarbeiten und diverse Unterseiten mit relevanten Suchbegriffen anlegen. Neben der Startseite entschied ich mich beim Fahrradträger für die Anhängerkupplung beispielsweise für folgende Gliederung:

- ✓ Trägersysteme: Kupplungsträger, Dachträger etc.
- ✓ Marken: Atera, EUFAB etc.
- ✓ Ausführungen: Fahrradträger 4 Fahrräder, Fahrradträger 3 Fahrräder etc.
- ✓ Den Marken untergeordnet ein Menü mit Produkten zu jedem Hersteller sowie Produkttests
- ✓ FAQ: „Wie schnell darf ich mit einem Fahrradträger fahren?", sowie weitere Fragen und Antworten

Es geht darum, dass Sie den Besuchern eine präzise Hilfestellung sind, um den Kauf zu tätigen. Decken Sie das Thema möglichst umfassend ab, so gelingt es Ihnen, die Konkurrenten auszustechen. Googles Algorithmus registriert dies und stuft Ihre Webseiten mit der Zeit höher ein. Das Ergebnis sind mehr organische Besucher. An dieser Stelle sei darauf hingewiesen, dass hochwertige Inhalte insbesondere bei Nischenseiten heutzutage rar gesät sind. Viele Unternehmer bezahlen Texter zu geringen Löhnen, die keine Ahnung von Produkten haben und viele Fehler begehen. Wenn Sie sich geduldig und mit Blick für tief in die Details gehende Inhalte eine Nischenseite zusammenstellen, dann können Sie davon ausgehen, dass Ihre Konkurrenten auf lange Sicht in die Röhre schauen werden.

Wenn Sie Inhalte kreieren, dann achten Sie auf folgende Ratschläge:

✓ Cornerstone-Analysen durchführen!

Cornerstone-Analysen sind dazu gedacht, hochwertige Webtexte zu kreieren. Sie gehen dabei wie folgt vor: Sie geben das Thema, zu dem Sie schreiben möchten, bei der Google-Suche ein. Es erscheinen Suchergebnisse, bei denen Sie die Webseiten auf den ersten drei Google-Suchergebnisseiten öffnen. Es müssten knapp 30 Webseiten sein. Nun prüfen Sie die Texte auf allen Seiten. Gibt es keine oder kaum Texte, können Sie die Webseite schließen.

Unter den an Inhalten reichen Webseiten prüfen Sie die Inhalte sowie Zwischenüberschriften. Die Inhalte werden sich zum großen Teil auf den Webseiten überschneiden, aber hier und da werden Sie auf einzelnen Webseiten neue Inhalte vorfinden. Schreiben Sie sich aus den Webseiten alle Inhalte stichpunktartig auf und sortieren Sie diese nach Unterthemen. Dadurch sind Sie imstande, einen Artikel zu verfassen, der die Inhaltsdichte aller Top-Webseiten übertrifft.

✓ Gehen Sie in Bibliotheken!

Dieser Ratschlag sollte nur dann realisiert werden, wenn Sie ohnehin häufig in Bibliotheken sind (z. B. Hobby, Studium, Arbeit). Dadurch, dass Sie in Bibliotheken zu den Themen recherchieren, zu denen Sie

103

Texte verfassen, gelingt es Ihnen, die Inhaltsdichte aus der Cornerstone-Analyse sowie jeder anderen Form von Webrecherche bei weitem zu übertreffen. Sie schaffen wahrlich einzigartige Inhalte, die den potenziellen Kunden auf Ihrer Nischenseite eine hochpräzise Hilfe sind.

✓ Sorgen Sie für höchste inhaltliche Dichte!

Künstlich zu strecken, bedeutet, um jeden Preis eine Erhöhung der Wortzahl zu bewirken. Im Vordergrund muss hingegen immer der Mehrwert für den Leser stehen. Es ist schmerzhaft, nachdem ein Text geschrieben wurde, Wörter zu entfernen und am Ende 100 Wörter weniger dastehen zu haben; schließlich waren die Wörter mit Liebe recherchiert und erarbeitet. *Oder doch nicht?*

Tatsächlich sind die Wörter, die entfernt werden, alles andere als recherchiert und wichtig. In einem einfach so heruntergeschriebenen Text sammeln sich im Schnitt 200 bis 300 unnütze Wörter pro 1.000 Wörter. Gewöhnen Sie sich an, nichts herunterzuleiern und die Dinge möglichst kompakt aufzuschreiben. Eine Satzkonstruktion wie „Metall ist massiv. Deswegen werden Gegenstände aus Metall nicht so schnell kaputt gehen" klingt nicht nur laienhaft und stark umgangssprachlich, sondern formuliert selbstverständliche Inhalte. Sogar ein 12-jähriges Kind wird auf diese Inhalte kommen. Es empfiehlt sich, einen Satz mit „Das massive Metall" zu beginnen und daran eine Mehrwert bietende Information zu hängen, was beispielsweise durch die Angabe verschiedener Stärkengrade erfolgen könnte. Dies ist Mehrwert für den Leser; ganz im Gegensatz zu der

Information, dass Metall massiv ist und Gegenstände daraus nicht schnell kaputtgehen.

Schlussendlich ist ein inhaltsdichter Text einer, bei dem jedes Wort seine Berechtigung hat und wertvoll ist. Hin und wieder ein Füllwort und des Öfteren Übergangswörter dürfen, der Natürlichkeit eines Textes wegen, einfließen. Aber ansonsten muss es ein Text sein, von dem Sie später behaupten können: „Wow, da habe ich etwas gelernt!"

So erschaffen Sie Ratgebertexte für Nischenseiten, die einen Mehrwert vermitteln. Dann werden die Leser Ihre Expertise bemerken und höchstwahrscheinlich bei Ihnen kaufen. Ferner sollte auf vage Formulierungen verzichtet werden. Sätze mit Elementen wie „viele Menschen…" oder „…Möglichkeiten sind ganz groß" haben keinerlei bedeutsame Wirkung. Jeder definiert „viel" und „ganz groß" anders. Nutzen Sie Zahlen oder Argumentationen, um konkrete Formulierungen zu treffen. Es ist zwar keinesfalls verwerflich, vage Aussagen ein- oder zweimal im Text zu verwenden, wenn das Verständnis für „viel" im jeweiligen Sachverhalt unmissverständlich für die Leser ist. Eine präzise Formulierung ist am ehesten dann gegeben, wenn Sie dem Leser die Möglichkeit bieten, sich ein eigenes Urteil zu bilden. Dies geschieht durch Zahlen: „In Deutschland leben XY Menschen unterhalb der Armutsgrenze, die nach Definition des XY-Amtes bei XY Euro Monatseinkommen liegt. Demnach ist ein Anteil von XY Prozent der deutschen Bevölkerung als arm einzustufen." Eine solche Formulierung ist hochwertig.

Es zeigt sich bei allen genannten Punkten, dass es notwendig ist, zuerst einiges zu geben, um dann später etwas zu erhalten.

Wie lässt sich dieser Satz nachvollziehen? Sie müssen zunächst die Bereitschaft einbringen, den Lesern wirklich zu helfen. Denn Leser gehen mit der Erwartung an einen Kaufratgeber, dass hochqualitative Informationen enthalten sind.

Gehen wir nun vom Inhaltlichen zum Webdesign: Da es bei all der Fülle an Informationen durch Texte zu einer fehlenden Übersicht kommen kann, ist eine grafisch ansprechende Aufbereitung der Website empfehlenswert. Ich habe bei meiner Nischenseite ein denkbar einfaches Template mit ein paar Plugins zur Erweiterung genutzt. Dennoch gab mir das, wie in den nächsten Screenshots zu sehen ist, die Möglichkeit, Boxen und ein paar weitere Elemente einzubauen. Wir beginnen mit dem Anfang der Startseite:

Es folgen die Boxen mit dem „Wichtigsten in Kürze" am Anfang für einen erleichterten Überblick über das gesamte Thema:

Nun die Kaufkriterien samt einer Aufzählung:

Woei weiteri sicherere Fahreigenschaften und sich bringe und wesentlich mehr
Möglichkeiten für den Transport Ihrer Räder liefert.

Worauf muss ich beim Kauf eines
Fahrradträgers für die Anhängerkupplung
achten?

In diesem Schritt unserer Kaufhilfe erklären wir Ihnen, auf welche Details es zu achten
gilt, wenn Sie Ihren Fahrradträger für die Anhängerkupplung kaufen. Falls Sie
Ratschläge zum Kauf von Träger für die Heckklappe oder Dachträger haben möchten, dann
schauen Sie sich bitte hierzu unsere Beiträge in der Kategorie Trägersysteme an. Bei einem
Kupplungsträger jedenfalls gelten folgende Kriterien:

- Stützlast der Anhängerkupplung
- Gewicht der Fahrräder sowie Gewicht & Nutzlast des Fahrradträgers
- Anzahl der Fahrräder
- Diebstahlsicherung
- Abklappmechanismus
- Transportmöglichkeiten
- Individuelle & komfortable Zusatzfunktionen
- Beleuchtung & Kennzeichen
- Nützliches Zubehör

Abschließend ein paar FAQ mit einer Fazit-Box:

Gesetzliche Vorschriften gibt es hierzu keine. Aber von Seiten des Herstellers aus sind in den
meisten Fällen 120 oder 130 km/h als Höchstgeschwindigkeit vorgegeben. Damit der
Versicherungsschutz bei möglichen Unfällen greift, empfiehlt es sich, die Vorgaben des
Herstellers einzuhalten.

Wie weit verändert ein Fahrradträger das Fahrverhalten?

Dies nimmt jede Person anders wahr. Doch ist eine Veränderung zu einer hecklastigen
Fahrweise immer spürbar. Zudem ist im Verkehr darauf aufzupassen, dass Ihr Fahrzeug nun
länger ist. Allerdings sind die Veränderungen im Fahrverhalten bei einem Kupplungsträger
wesentlich geringer als bei einem Dachträger oder einem Träger für die Heckklappe.

Fazit

Mit einem Fahrradträger sind Sie sicher und gemütlich im Urlaub
unterwegs. Dabei ist der Fahrradträger für die Anhängerkupplung unter den
verschiedenen Trägersystemen zurzeit die beliebteste Wahl. Grund dafür sind
die vergleichsweise geringen Auswirkungen auf Fahrverhalten und
Kraftstoffverbrauch sowie die hohe Nutzerfreundlichkeit bei der
Montage und Verwendung. Sollten Sie Interesse daran haben, sich einen
Fahrradträger für die Anhängerkupplung anzuschaffen, dann treffen Sie dabei
in jedem Fall die richtige Entscheidung. Schauen Sie sich gern auf unserem
Portal um und verschaffen Sie sich einen näheren Eindruck.

Das war natürlich nur ein kleiner Überblick über die Inhalte. Es
steht wesentlich mehr Text auf der Website als in den Screenshots gezeigt. Des Weiteren handelt es sich bei den Texten nur
um Platzhalter, die qualitativ noch aufbereitet werden müssen. Wie das Ganze bei WordPress im Dashboard aussieht,
zeigt folgender Screenshot:

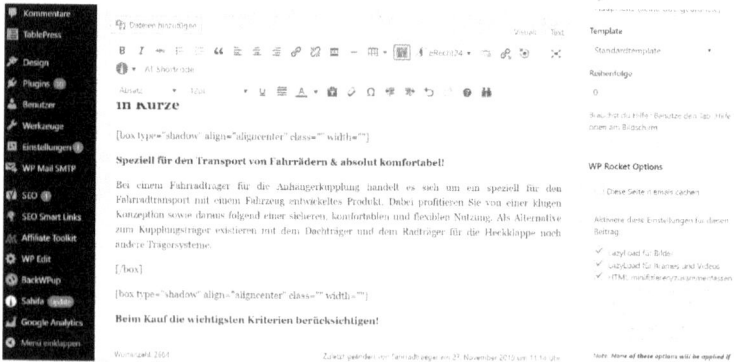

Quelle: WordPress

Dieser Screenshot ist für Sie interessant, wenn Sie bereits im entsprechenden Abschnitt dieses Kapitels für Webdesign Neugier entwickelt haben: Wie Sie sehen, werden die auf der Website als Boxen dargestellten Elemente durch Codes realisiert. Die Codes müssen Sie aber nicht selbst eintragen, da dies durch Auswahl der Box in den Plugins automatisch erfolgt. Optionen zur Nutzung der Plugins finden Sie oberhalb des Textfelds vor.

Binden Sie zudem Vergleichstabellen auf der Nischenseite ein. Eine davon habe ich provisorisch auf die Schnelle angelegt, um Ihnen zu zeigen, worum es im Groben geht:

108

An dieser Stelle sei Ihnen das „Affiliate Toolkit" als Plugin wärmstens empfohlen. Bei diesem Plugin handelt es sich um eine Erweiterung, die Ihnen das Anlegen von Produkten, Listen sowie Vergleichstabellen mit einem hohen Automatisierungsgrad ermöglicht. Im Dashboard finden Sie das Toolkit links in der Menüleiste vor:

Quelle: WordPress

Ich bin im Toolkit auf die „Vorlagen" gegangen. Die „Keyword Vergleichstabelle" ist automatisch mit dem Download des Plugins vorhanden. Dort müssen Sie nur die Produkte einfügen, danach können Sie die Tabelle beliebig oft auf Seiten einbinden. Das Endergebnis ist im Idealfall wesentlich umfassender und ansehnlicher als meine Beispiel-Vergleichstabelle aus dem vorherigen Screenshot, aber der Sinn und Zweck sollte mit dem Beispiel gut illustriert worden sein.

Tipp!

Mehr als einen rudimentären Schnelldurchgang mit Ihnen zu machen, bleibt mir beim Thema „Nischenseiten" leider nicht übrig. Über das Thema könnte ich zehn Abhandlungen schreiben, aber stattdessen liegt die Verantwortung bei Ihnen: Nutzen Sie meine Anleitungen für einen ersten Eindruck und zur Orientierung auf Ihrem eigenen Weg, aber lesen Sie möglichst viele Quellen, schauen Sie sich Tutorials auf YouTube an und – vor allem – lernen Sie von Ihrer Konkurrenz! Die größten Unternehmer der Welt sind erfolgreich gewesen, weil Sie das aufgegriffen haben, was die Konkurrenten gemacht haben, und es für die eigene Nutzung optimiert haben.

Zu guter Letzt müssen Sie sich vor Augen führen, dass Kunden am ehesten dann kaufen werden, wenn Sie dazu aufgerufen werden. Gestalten Sie deswegen das Ende eines Textes oder zwischendurch die ein oder andere Hinweis-Box mit Call-to-Actions, um zum Kauf zu animieren. Eine solche Call-to-Action sollte immer positiv formuliert sein und mit dem ein oder anderen Kaufargument locken. Es handelt sich um eine Art kleinen Werbetext. Dabei sind Negativformulierungen immer strikt zu vermeiden. Negativformulierungen sind Sätze, die die Elemente „nicht", „keine" sowie andere Wörter der Verneinung enthalten. Das Problem dieser Formulierungen ist, dass das Unterbewusstsein sie schlecht verarbeitet. Wenn nun ein Leser den Satz „Sie müssen sich keine Sorgen machen, sobald Sie diesen Artikel kaufen." aufschnappt, so wird er sich gedanklich sofort Sorgen machen, weil dieser Begriff genannt wird und dazu Bilder erweckt werden. Bei Werbepassagen auf Ihrer Nischenseite müssen Sie den Leser vom Kauf überzeugen, was eine absolut positive und auf die Emotionen gut wirkende Darstellung von Produkten zur Folge haben muss.

Blog, Nischenseite oder weglaufen?

Am einfachsten ist der Blog beim Affiliate-Marketing. Nischenseiten erfordern erheblich mehr Aufwand, Analysen von Keywords und weitere Arbeitsschritte. Die Alternative ist, wegzulaufen und sich zu sagen: „Oh, Gott! Wo bin ich hier gelandet?

Das ist zu anspruchsvoll, ich mache lieber meine Umfragen!" Wenn Sie sich für Letzteres entscheiden, haben Sie mein volles Verständnis. Blogs und Nischenseiten sind womöglich zu fortgeschritten, wenn Sie mit diesem Buch die allerersten Schritte beim Online Geldverdienen machen möchten. Aber es gilt: Was nicht ist, kann noch werden.

In diesem Sinne ist der beste Weg für Sie, wenn Sie das, was Sie jetzt noch überfordert, beiseitelegen und die ersten Schritte als Texter, Produkt-Tester und/oder in anderen Bereichen gehen. So etwas wie Nischenseiten wird Ihnen mit der Zeit wesentlich einfacher erscheinen. Dann können Sie sich immer noch dafür entscheiden. Ohne Grundkenntnisse im Texten, Webdesign und ein bisschen Verständnis fürs Online-Marketing macht das Affiliate-Marketing keinen Sinn. Haben Sie die Grundkenntnisse, dann sind in mehrere Monate Einkünfte durch das Affiliate-Marketing realistisch. Auf lange Sicht können Ihnen Nischenseiten ein beachtliches Vermögen bescheren und Ihren Hauptberuf ablösen. Für den sofortigen Verdienst sollten Sie jedoch auf andere Tätigkeiten setzen.

An- und Verkauf / E-Commerce

Das Wichtigste in Kürze:
> ➤ Erste Geldströme: In wenigen Wochen bei hoher Aktivität
> ➤ Schwierigkeitslevel: Gering
> ➤ Angebot im Internet: Groß
> ➤ Planungsfreiheit bei der Ausübung: Maximal

Der An- und Verkauf und der E-Commerce beschreiben den Handel mit Produkten. Beim An- und Verkauf werden physische Produkte gehandelt. Das Ziel ist es, die Produkte zu einem Preis zu kaufen, bei denen eine Gewinnspanne existiert.

Demnach muss der Verkauf zu einem höheren Preis als der Ankauf erfolgen. Der E-Commerce weicht in einiger Hinsicht vom An- und Verkauf ab. Nämlich lassen sich in diesem Bereich zum einen auch digitale Produkte handeln, zum anderen ist es möglich, Produkte selbst herzustellen.

Es lässt sich nicht abzeichnen, wann der erfolgreiche Verkauf eintritt. In der Regel sind die ersten Geldströme sofort bei einem schnellen Verkauf oder einige Monate nach Aufnahme der Tätigkeit zu erwarten. Klar muss an dieser Stelle allerdings sein, dass vor dem Verkauf von Produkten deren Ankauf bzw. Herstellung steht. Demnach sind Investitionen notwendig. Dieser Online-Job ist nur für Sie geeignet, wenn Sie Kapital und Bereitschaft zu Investitionen einbringen. Da Sie die richtigen Produkte auswählen müssen und es eine gewisse Expertise erfordert, die Produkte zu guten Preisen anzukaufen oder herzustellen, sind die Ansprüche an die Tätigkeit im Online-Handel als mittel bis hoch einzustufen. Bei einer guten Produktauswahl sind reichlich Kunden vorhanden. Die Planungsfreiheit ist, einmal abgesehen von den Terminen zur Abholung von angekauften Artikeln oder anderen individuellen Terminen, weitestgehend frei.

Zwar erfolgen der An- und Verkauf sowie E-Commerce in unserem Fall über das Internet, aber Sie werden bei bestimmten Produkten nicht daran vorbeikommen, beim Ankauf die Ware selbst abzuholen und beim Verkauf durch Kunden abholen zu lassen. Dies ist bei größeren Produkten der Fall. Bei kleineren Produkten ist der Versand eine Option, allerdings haben beim Ankauf nicht alle Verkäufer die Bereitschaft, Ihnen die Produkte zu senden. Außerdem ist es gefährlich, weil Ihnen am Telefon oder bei der Kommunikation per E-Mail vermittelt werden könnte, die Artikel seien in einem Top-Zustand. Sie überweisen den Kaufbetrag und erhalten den Artikel zugeschickt. Am Ende sind aber Schäden am Produkt zu verzeichnen. Es ist beim An- und Verkauf folglich notwendig, außerhalb des Internets aktiv zu werden. Dementsprechend ist zumindest der An- und Verkauf eine Mischform aus Online- und Offline-Tätigkeit. Investition und Verkauf erfolgen online, aber die Zwischenschritte zum Produkterhalt offline bleiben Ihnen nicht erspart.

Produktauswahl beim An- und Verkauf

Welche Produkte sich zum Ankauf am ehesten eignen, lässt sich dann aufschnappen, wenn Sie die Trends auf Verkaufs- plattformen beobachten. Ich habe seinerzeit bei meinem An- und Verkauf die Plattform ebay Kleinanzeigen gern genutzt. Der Grund dafür ist, dass im Gegensatz zu Amazon und idealo sowie anderen populären Plattformen hier mehr gebrauchte Ware verkauft wird, sodass sich für den An- und Verkauf besser Beobachtungen anstellen lassen. Nun habe ich aus einzelnen Kategorien Gebrauchtwaren auf die Merkliste gesetzt. In der Merkliste können Sie bei Ihrem ebay-Kleinanzeigen-Account die Artikel speichern, die andere zum Verkauf veröffentli- chen und die Ihr Interesse erwecken. Dort beobachtete ich die Artikel eine Woche lang. Wurden die Artikel weggekauft, war es ein Zeichen dafür, dass die Nachfrage hoch war. In der ersten Woche habe ich beispielsweise viele Elektronikartikel auf die Liste gesetzt, hauptsächlich Smartphones. Es waren an die 60 Stück. Parallel habe ich hübsches Geschirr aus Por- zellan mit knapp 40 verschiedenen Stücken auf die Merkliste gesetzt. Während das Porzellan sich kaum verkaufte, war es bei den Smartphones anders. Weil ich obendrein eine hohe Gewinnspanne bei Smartphones sah, war für mich klar: eher Smartphones als Porzellan. In diesem Handlungs- und Beob- achtungsmuster können Sie bei diversen Produktkategorien vorgehen, um mehrere Wochen Beobachtungen anzustel- len. Diese Beobachtungen analysieren Sie, um geeignete Gebrauchtartikel zu finden.

Tipp!

Besonders interessant ist die Kategorie „Zu verschenken" bei ebay Kleinanzeigen. Ich habe als Experiment zwei Monate lang im Umkreis von 50 Kilometern um meinen Wohnort herum die verschiedensten Artikel abgeholt, die zu verschenken waren. Jedes Wochenende stand ich beide Tage auf dem Flohmarkt und verkaufte sie zu Spottpreisen. Es ging einfach nur darum, aus den Gratis-Artikeln einen Erlös von ein paar Euro pro Stück zu machen. Manchmal waren es sogar 50 oder 80 € Erlös für den ein oder anderen gratis erhaltenen Artikel. So kam ich pro Wochenende nach einem Abzug der Sprit- und Standkosten auf dem Flohmarkt zu einem Gewinn von knapp 300 €. Da ich einen 3,5-Tonner nutzte, konnte ich natürlich reichlich Artikel mitnehmen, was ein großer Vorteil war. Das alles war zwar nicht online, aber wenn Sie das Wochenende frei haben, dann spricht wenig gegen den Versuch, zusätzlich auf dem Flohmarkt sein Glück zu versuchen.

Wenn es um den Verkauf online geht, dann bringt Sie die „Zu verschenken"-Kategorie allerdings nicht weit und kostet Sie eher Geld. Sie müssen online stattdessen – wie vor dem Kästchen beschrieben – in den Kategorien prüfen, welche Artikel begehrt sind und zu welchen Preisen ein Ankauf sinnvoll ist, um den Artikel überhaupt noch teurer verkaufen zu können.

Als Nächstes geht es an die Routenplanung. Werden die Artikel selbst abgeholt, sollte möglichst geringer Aufwand bestehen. Markieren Sie deswegen einen Bereich bzw. eine Kilometer-Begrenzung, innerhalb derer es für Sie finanziell in Relation zum potenziellen Ertrag durch den Verkauf Sinn ergibt, Touren abzufahren. Die Kosten für Sprit und der Zeitaufwand sollten sich mit Blick auf den zu erwartenden Verkaufspreis rentieren.

Hier sind Sie selbst in Sachen Kalkulation des Kostenaufwands gefordert. Legen Sie sich die Termine immer so, dass Sie im Rahmen einer Tour möglichst viele Artikel abholen können. Entscheiden Sie sich für eine Lieferung beim Ankauf von Waren, dann müssen Sie die Versandkosten ins Verhältnis zum erwarteten Ertrag setzen.

Verkaufen können Sie angekaufte Artikel einerseits über einen eigenen Web-Shop, andererseits über Handelsplattformen. Wenn Sie einen Webshop erstellen, dann müssen Sie mehrere Artikel haben. Im Idealfall haben Sie 50 bis 100 Artikel aus derselben Kategorie, z. B. Smartphones. Je spezialisierter Ihr Webshop ist, desto leichter wird es Ihnen fallen, in der Suchmaschine auf die vorderen Plätze zu gelangen. Dies ist nämlich für den Erfolg des Webshops essenziell. Der Web-Shop ist anspruchsvoll, weil Sie neben einer vernünftigen Suchmaschinenoptimierung auch Webdesign beherrschen müssen. Einfacher ist der Verkauf der Artikel über Handelsplattformen. Handelsplattformen kennt jeder, weswegen Sie hier definitiv Ihre Zielgruppe erreichen. Der Verkauf auf ebay und Co. macht als Ergänzung zum Web-Shop sowieso immer Sinn. Nicht umsonst finden sich die Angebote von bekannten Marken auch auf nahezu allen populären Handelsplattformen. Eine Liste der Handelsplattformen für An- und Verkauf finden Sie auf utopia.de[80]. Es gibt allgemeine sowie spezialisierte Handelsplattformen.

Produkte selbst herstellen – was ist möglich?

Hier wird es äußerst interessant. Denn es stellt sich einerseits eine Frage nach Ihren Talenten, andererseits eine Frage nach Ihren Ressourcen. Wenn Sie Talente im Handwerk haben, dann

---

[80] https://utopia.de/bestenlisten/gebraucht-kaufen-verkaufen-online/

gibt es von selbst gemachten Möbeln bis zu geschnitzten Figuren nahezu unbegrenzte Spielräume. Bei einem Schneidertalent können Sie Kleidung oder Decken selbst herstellen. Für all das benötigen Sie natürlich Material, wobei sich erneut die Frage nach Ressourcen stellt. Sind die Ressourcen hierfür schon vorhanden, so können Sie von diesen weiterhin Gebrauch machen und haben keinerlei Anschaffungskosten. Sind keine Ressourcen vorhanden, dann müssen Sie diese ankaufen und haben entsprechende Anschaffungskosten zu tragen.

Die Anschaffung von Ressourcen ist auch dahingehend interessant, als dass dies fehlende Talente ausgleichen kann. Ein Beispiel hierfür ist der 3D-Drucker. Schaffen Sie sich einen hochwertigen 3D-Drucker in einer Preisklasse oberhalb der 1.000 € an, folgt daraus die Möglichkeit zur maßgenauen und beschleunigten Fertigung von Produkten. 3D-Drucker können nach verschiedenen Prinzipien funktionieren. Das für Sie zur Vervielfältigung von Artikeln beste Prinzip ist nach einer Druckvorlage: Sie legen einen Deko-Artikel als Vorlage in den Drucker ein und der Drucker druckt nach dieser Vorlage. Es entsteht eine maßgetreue Kopie. Die häuslichen 3D-Drucker sind hauptsächlich imstande, mit Kunststoff zu drucken. Einige Top-Geräte erweitern die Palette der zu verwendenden Materialien.

Der Verkauf selbst hergestellter Produkte erfolgt ebenfalls über Handelsplattformen und/oder den eigenen Webshop. Es bleibt Ihnen der Aufwand der Anschaffung wie beim Ankauf erspart, stattdessen müssen Sie lediglich den Artikel herstellen, was Sie entspannt zuhause erledigen können. Bei der Herstellung digitaler Produkte sind Online-Kurse eine Option. Sie erstellen einen Video-Kurs über eine Sache, zu der Sie Fachwissen haben oder sich Fachwissen aneignen. Dann erstellen Sie Inhalte auf einer eigenen Website, um in den Suchmaschinen die Website mit Ihrem darauf angebotenen Online-Kurs zu bewerben, und ziehen ein Social-Media-Marketing auf.

Ansprüche und Aufwand in der oberen Region

Letzten Endes ist E-Commerce bei selbst hergestellten Produkten und der An- und Verkauf über Handelsplattformen in einer oberen Region für Aufwand und Ansprüche einzuordnen. Für den Start beim online Geldverdienen empfiehlt sich, wenn überhaupt, nur der An- und Verkauf von Produkten, über die Sie gut informiert sind und deren Preise Sie vernünftig einschätzen können. Einen Kaltstart empfehle ich Ihnen als Anfänger unter keinen Umständen. Bei mir war der An- und Verkauf nur erfolgreich, weil ich hin und wieder auf dem Flohmarkt die Verluste ausgeglichen und in Gewinne umgewandelt habe, die bei mir der Handel über Plattformen im Internet gebracht hat. Selbst hergestellte Produkte habe ich noch nie verkauft. Hier bestehen bei hohen Mengen an hergestellten Produkten gute Absatzmöglichkeiten.

Online-Marketing-Manager

Das Wichtigste in Kürze:
➢ Erste Geldströme: Sofort bis mehrere Monate
➢ Schwierigkeitslevel: Hoch
➢ Menge an Jobs & Kunden: Hoch
➢ Planungsfreiheit bei der Ausübung: Eingeschränkt

Final widmen wir uns der Tätigkeit als Online-Marketing-Manager, allerdings nur in aller Kürze. Es ist der wohl anspruchsvollste Job in unserer Übersicht, denn die Tätigkeit als Online-Marketing-Manager stellt gewissermaßen die Gesamtheit der meisten geschilderten Jobs dar und setzt noch einen drauf. Wenn Sie im Job-Test aus dem ersten Kapitel eine Punktzahl zwischen 80 und 120 hatten, dann kommen Sie für das Online-Marketing in Frage. Es ist fordernd. Sie betreuen Projekte sowohl kurz- als auch langfristig, aber meistens langfristig. Den Kunden helfen Sie dabei, deren Träume zu verwirklichen, und erleben auf diesem Wege selbst Abenteuer. Sie hingegen bleiben stets der Realist, der Analysen durchführt und Statistiken erstellt, Zielgruppen für Produkte, Texte oder mehr kategorisiert und anschließend Budgets rational einsetzt. Weil Sie eine Führungsposition innehaben oder – als untergeordneter Freiberufler – zumindest die Führung über ein Ressort, müssen Sie permanent mit Menschen in Kommunikation stehen. Das Sprechen mit anderen Personen sollte Ihre Stärke sein. Und wenn es einmal eine Nacht durchzumachen gilt, dann dürfen Sie nicht ansatzweise meckern. So ist das Leben als Online-Marketing-Manager – und das sogar, wenn man noch keine bekannte Koryphäe ist, der Kunden das Büro einrennen.

Mit all seinen Anforderungen ist das Online-Marketing hoch anspruchsvoll, die Planungsfreiheit ist durch die Projektvorgaben eingeschränkt. Je eingeschränkter die Planungsfreiheit ist, desto interessanter sind allerdings die Projekte der Kunden. Von daher kann nicht die Rede davon sein, dass der Mangel an Planungsfreiheit ein Ausschlusskriterium für den Job ist. Wer es erlebt hat, der wird das Online-Marketing zu schätzen wissen.

Meine Erfahrungen

Gezielt als Online-Marketing-Manager habe ich mich nicht vermarktet, aber im erwähnten Startup, an dem ich mitgewirkt habe, hatten wir alle zwischendurch – da viele unentschlossene Personen absprangen – andere Jobs zu übernehmen. So war ich plötzlich dafür verantwortlich, die SEO-Abteilung mit zu managen, die Bilder zu bearbeiten, auch beim Vertrieb habe ich mitgewirkt und, und, und…

Was soll ich dazu sagen? Man lernt unermesslich viel. Ich durfte drei marktführende SEO-Tools – ahrefs, Sistrix und Xovi – genaustens kennenlernen und nutzen. Mir wurde ein intensiver Einblick ins CMS Contao gewährt, was meine Flexibilität beim Einpflegen von Kundentexten in verschiedene CMS erweiterte. Außerdem trat ich in Kontakt mit dem einen oder anderen Vertriebler und erhielt ein Gespür für die umfassende Planung eines Projekts. Zudem bestimmte ich bei Monetarisierungsstrategien mit, zu denen die Strategien Linkverkauf, Affiliate-Marketing und Werbepartnerschaften gehörten. Die angemessenen Preise für Links wurden diskutiert, Werbepakete in verschiedenen Preisklassen für den Vertrieb zur Gewinnung von Werbepartnern geschnürt. Schlussendlich war es aber ein enormer Zeitaufwand, der dafür verantwortlich war, dass ich aus dem Startup ausstieg.

Wer als Online-Marketing-Manager tätig ist, hat den Vorteil, dass ihm vom Kunden ausreichend Gelder zur Verfügung gestellt werden, um Teams zu koordinieren und sich zu entlasten. Es ist anders als bei unserem privat finanzierten Startup. Doch die Mühe, mehrere Nächte durchzuarbeiten und das Privatleben zugunsten faszinierender Projekte hin und wieder hintanzustellen, wird einem nicht erspart bleiben. Sind Sie ein absoluter Karrieremensch oder möchten dies werden, dann verschafft Ihnen das Online-Marketing die allergrößten

Perspektiven. Denn kaum ein Berufsfeld im Internet erweckt derart viel Begierde. In Verbindung mit einem finanziellen, wirtschaftlichen oder gestalterischen Studiengang stehen bei umfassenden Online-Marketing-Kenntnissen Festanstellungen ab 4.000 € netto monatlich zur Debatte – dies ist noch ein bescheidenes Beispiel.

Zum Start ist das Online-Marketing nur etwas für Sie, wenn Sie sich bereits bei folgenden Tätigkeiten sehr gut auskennen oder die meisten Dinge kennen und den Rest rudimentär beherrschen, sodass Sie Teams koordinieren können:

- ✓ SEM (Suchmaschinenmarketing)
- ✓ Social-Media-Marketing
- ✓ E-Commerce
- ✓ E-Mail-Marketing
- ✓ Web-, Grafik- und Logodesign
- ✓ Programmieren (hier reicht es aus, Programmierer zu koordinieren)
- ✓ Textverfassung
- ✓ Affiliate-Marketing
- ✓ Vertrieb

Mein Weg begann beim Texten und ging über das SEM und Design bis hin zum E-Commerce und Affiliate-Marketing. Ihr ideales Vorgehen ist es, einen realistischen Ansatz in der Fülle an Jobs zu finden und sich im Hinblick auf die Qualifikationen langsam hochzuarbeiten. Nach einigen Jahren ist es möglich, dass für Sie die Tätigkeit als Online-Marketing-Manager zur Debatte stehen werden. Starten Sie diese Tätigkeit, dann verdienen Sie sofort oder – wenn es sich um langfristige Projekte handelt – nach mehreren Monaten Ihr erstes Geld. Es existiert im Internet eine Reihe an bezahlbaren Schulungen, um sich durch Kurse Fähigkeiten im Online-Marketing anzueignen. Sind Sie Online-Marketing-Manager, dann sind Sie bereits ein

Online-Experte. Die nächsthöchste Stufe wären dann nur noch die sogenannten Growth-Hacker, die neben dem Online-Marketing auch Technik-Experten sind und nahezu alles selbst programmieren können, wonach ihnen ist.

Zusammenfassung

- ➢ Definitiv schnell verdienen werden Sie Ihr erstes Geld bei Umfragen, Produkttests, Nachhilfe, Virtueller Assistenz, Textverfassung und Design. Länger müssen Sie aller Voraussicht nach auf die ersten Einkünfte bei Stockfotografie, Affiliate-Marketing, Gewinnspielen und E-Commerce warten. Beim Domainhandel und der Vermietung hängt der Eintritt der ersten Geldströme von Ihrem Geschick und der Domain bzw. dem Gegenstand zur Vermietung ab. Eine Tätigkeit als Online-Marketing-Manager wird oftmals sofort vergütet, manchmal nach Abschluss eines Projekts innerhalb weniger Wochen oder Monate.

- ➢ Bei all den Jobs sind die spezifischen Anforderungen an Ihre Qualifikationen zu beachten. Sollten Sie bei einem Job nicht ins Anforderungsprofil passen, dann nehmen Sie Abstand. Sie können einen anderen Job ausüben und währenddessen die Fähigkeiten für den ersten Job erlernen.

- ➢ Möchten Sie sich das umfassendste und für den Online-Verdienst überzeugendste Fähigkeitenprofil aneignen, so kommen Sie an der Textverfassung, dem Design (zumindest Webdesign), dem Affiliate-Marketing und dem E-Commerce nicht vorbei. Beherrschen Sie diese Dinge, dann müssen Sie sich nur noch wenige Zusatzfähigkeiten aneignen, um als Online-Marketing-Manager durchzustarten und ein Online-Experte zu sein.

Praktische Tipps: Home-Office, Steuern & Co.

Dieses letzte Kapitel gibt Ihnen Tipps mit auf den Weg, die Ihnen einen schnellen Gesamtüberblick über die Dinge verschaffen, die zu Online-Jobs gehören, aber bisher keinen Anklang finden konnten. Es handelt sich zunächst um die Einrichtung des Home-Office. Wenn Sie zuhause arbeiten, wird eine entsprechende Einrichtung nicht unbedingt notwendig, aber für ein produktives und nachhaltiges Arbeitsklima definitiv empfehlenswert sein. Auch sind die steuerlichen Aspekte maßgebend; beginnend bei der Frage, ab wann Sie überhaupt Steuern zahlen müssen. Zudem gibt es viel falsche Auskünfte im Internet, in Büchern und bei Personen mit gefährlichem Halbwissen, was die Anmeldung eines Gewerbes und die verschiedenen Steuertypen (Einkommens-, Umsatz- und Gewerbesteuer) anbelangt. Neben den steuerlichen Aspekten, die im Idealfall direkt zu Beginn der Tätigkeit berücksichtigt werden, um mit allen Dingen im Reinen zu sein, gewinnt die Gestaltung der Arbeit an Bedeutung: Zum einen die alltägliche Zeitplanung, zum anderen die Lebensplanung, wenn aus einem Online-Verdienst die hauptberufliche und nachhaltige Einnahmequelle werden soll. Mit den grundlegenden Ratschlägen dieses Kapitels wird Ihnen ein Weg gewiesen, mit Hilfe dessen Sie sich umfangreich selbst informieren werden können.

Checkpoint #1 – Home-Office oder nicht?

Für Sie mag die Sachlage eindeutig sein: Sie arbeiten in einem Zimmer Ihres Hauses, und damit handelt es sich um ein

Home-Office. Wenn dem so ist, dann wünsche ich Ihnen viel Spaß bei Arbeit und Einrichtung! Aber für das Finanzamt ist die Einstufung als Home-Office nicht so einfach. Das macht weiter nichts aus, wenn Sie online lediglich kleine Nebenverdienste verbuchen und keine Steuern zahlen müssen. Aber handelt es sich bei der Online-Tätigkeit um mehr als einen kleinen Nebenverdienst und Sie müssen Steuern zahlen, so sollten Sie für die offizielle Anerkennung als Home-Office bei der Einrichtung darauf achten, dass das Home-Office maximal ein Drittel Ihrer Wohnfläche ausmacht und Sie die Online-Tätigkeit hauptberuflich ausüben. Ist dies der Fall, so können Sie das Home-Office samt dessen Einrichtung steuerlich geltend machen, weswegen sich auch Bau-, Betriebs- und/oder Mietkosten des Bürozimmers anteilig vom Kaufpreis bzw. der Miete absetzen lassen. Vermeiden Sie es also, das Home-Office im größten Raum Ihrer Wohnung einzurichten und dadurch zu riskieren, dass mehr als ein Drittel der Wohnfläche auf das Home-Office entfällt.

Tipp!

Falls Sie nur zwei Zimmer haben und eine im Sinne des Gesetzes durchgeführte Flächenaufteilung für Home-Office und sonstige Räumlichkeiten nicht möglich ist, dann sorgen Sie durch Möbel für eine klare räumliche Trennung des Home-Office. Beispiel: Sie haben eine Zwei-Zimmer-Wohnung und ein besonders großes Wohnzimmer? Dann richten Sie dort das Büro ein und trennen Sie es vom Rest des Wohnzimmers durch einen Raumteiler oder eine selbst errichtete Trennwand. Dies wird dem Finanzamt in den meisten Fällen als Lösung genügen.

Für die steuerliche Absetzbarkeit ist ferner zu beachten, dass das Mobiliar sowie die Ausstattung eine Daseinsberechtigung haben. In der Auslegung ist das Finanzamt oftmals großzügig, sodass sogar Sofas steuerlich abgesetzt werden können, sofern es sich um keine umfassenden Wohnzimmerlandschaften handelt, sondern kleinere Ausführungen zur Entspannung. In Sommerzeiten dienen Klimageräte der Nutzbarmachung des Arbeitszimmers, um eine erträgliche Atmosphäre vor Ort zu schaffen. Dementsprechend dürfen auch Klimageräte steuerlich abgesetzt werden. Sie sehen: Richten Sie Ihr Home-Office in erster Linie „steuerfreundlich" ein. Die Steuergesetze sind so umsichtig gestrickt, dass durch eine Orientierung daran zugleich eine Verbesserung der Arbeitsatmosphäre erwirkt wird.

Checkpoint #2 – Was ist zum Arbeiten notwendig?

Nach der Frage, was für das Finanzamt ins Büro gehört, fragen Sie sich, was Sie persönlich zum Arbeiten benötigen. Ein Großteil dessen wird bereits durch die steuerlich absetzbaren Komponenten abgedeckt. Sollte es etwas geben, was Sie zum Arbeiten benötigen, aber bei dem die steuerliche Absetzung nicht möglich ist, dann setzen Sie dies ebenfalls auf die Liste. Beispielsweise mag ein Aquarium für das Finanzamt im Bürozimmer absolut verkehrt sein, aber sofern Sie nirgendwo anders in der Wohnung Platz dafür haben oder es Ihnen im Büro zusagt, weil es Sie inspiriert oder beruhigt, dann platzieren Sie Ihr Aquarium dennoch im Bürozimmer. Gleiches gilt für Musikanlagen, falls Sie bei Musik am besten arbeiten können. Achten Sie nur darauf, dass sich die Menge der „Bürountypischen" Ausstattung in Grenzen hält, weil ansonsten die Anerkennung des Raumes als Homeoffice durch das Finanzamt erschwert wird.

Checkpoint #3 – Qualität der Ausstattung führt zu Top-Performance!

Wenn Sie einen Online-, Offline- oder sonstigen Job ausüben, steht immer die Performance im Vordergrund. Es ist essenziell, mit möglichst wenig Aufwand möglichst viele Arbeiten in einer hohen Qualität zu bewerkstelligen. Dies gelingt nur, wenn das Büro samt seiner Ausstattung eine hohe Qualität aufweist. Andernfalls drohen Lustlosigkeit, Rückenschmerzen und Müdigkeit.

Schaffen Sie sich Lampen an, so ist eine Verstellbarkeit der Farbe optimal. Zumindest die Tischlampe auf dem Bürotisch sollte neben dem warmen gelben Licht das kältere blaue Licht abgeben. Denn Blaulicht hemmt die Melatoninproduktion im Organismus, was mit einer gesteigerten Wachheit einhergeht.[81] Bei Nachtschichten oder später Arbeit im Online-Job ist es demzufolge äußerst hilfreich.

Ein höhenverstellbarer Schreibtisch legt einen wichtigen Grundstein für die Ergonomie am Arbeitsplatz. Zwar ist auch ein rückenfreundlicher Stuhl essenziell, aber mit dem Schreibtisch lässt sich bedarfsgerecht bei verschiedenen Arbeiten die Höhe optimieren, während der Stuhl eher begrenzte Spielräume liefert. Die Arbeit mit einem geraden Rücken ist für die Gesundheit derart wichtig, dass Stehtische immer mehr an Beliebtheit gewinnen.

Dies waren nur einige Auszüge, die zeigen: Es ist am besten, sich die Ausstattung nicht online zusammenzukaufen, sondern sie vor Ort auf Ergonomie sowie weitere Aspekte zu testen. Falls Sie Steuern zahlen und der Großteil Ihrer beruflichen Tätigkeit im Home-Office stattfindet, so sollten Sie ruhig die Bereitschaft mitbringen, auch ein paar Euro mehr zu zahlen, um die Produktivität und das Wohlbefinden bei der Arbeit zu fördern.

---

[81] https://ergoptometrie.de/einfluesse-von-blauem-licht/

Steuern sparen und korrekt entrichten

Zuerst räumen wir mit der Fehlinformation auf, es würde sich bei Umfragen oder anderen gering entlohnten Tätigkeiten immer um steuerfreie Einkünfte handeln. Dies entspricht nicht der Wahrheit. Es gibt Verdienstgrenzen, bis zu denen sich steuerfrei verdienen lässt. Sollten Sie einen oder zwei Produkt-Tests machen, dafür ein Honorar erhalten und nach zwei Wochen entscheiden, die Tätigkeit nicht mehr ausüben zu wollen, so ist keine Angabe der Tätigkeit in der Steuererklärung erforderlich. Aber sobald regelmäßig verdient wird – und sei es auch nur einen Monat lang – ist eine Angabe ans Finanzamt notwendig. Von da an ist jeder Cent, den Sie gezahlt bekommen, relevant. Es ist also nichts an der Werbung von Umfrage- und Produkt-Test-Anbietern dran, es müssten keine Steuern auf Erträge aus diesen Tätigkeiten gezahlt werden. Die Werbung ist vielmehr irreführend und gefährlich. Mit Umfragen verdienen zwar die meisten Personen keine mehrere hundert Euro pro Monat, weil das Grundmaß an Disziplin dazu fehlt, aber bei Produkt-Tests ist es im Falle der Vorauskasse üblich, dass bei engagierten Testern jeden Monat mindestens 300 € auf das Konto fließen. Bei Kontoprüfungen durch das Finanzamt gibt es kein Wenn und Aber: Wo kommen die monatlich mehreren Hundert Euro her?

Wann Steuern zu entrichten sind

Die folgenden Erklärungen gelten sowohl für kleinere Tätigkeiten (z. B. Umfragen, Produkt-Tests, Clickworking), die des Öfteren nicht unter den Jobs aufgeführt sind, als auch für Tätigkeiten, die als richtige Jobs zu bezeichnen sind (z. B. Textverfassung, Webdesign, E-Commerce).

§ 46, Absatz 2, Nummer 1 EStG[82] gibt Aufschluss über die Regelung bei Nebeneinkünften von Arbeitnehmern. Sollten Sie als Arbeitnehmer nebenberuflich mit einer Online-Tätigkeit Geld verdienen, so dürfen die Einkünfte aus dieser Tätigkeit abzüglich der für die Tätigkeit anfallenden Kosten den Betrag von 410 € pro Jahr nicht übersteigen. Dabei ist der Zahlungseingang auf Ihr Konto maßgebend.

Hinweis!

Sollten Sie Altersentlastungsbeträge beziehen oder Einkünfte aus Land- und Forstwirtschaft erzielen, so sind diese Einkünfte mit dem Nebenverdienst zu verrechnen. Da es sich um einen Sonderfall handelt, wird nicht näher darauf eingegangen. Sollten Sie davon betroffen sein, sollten Sie sich an einen Steuerberater wenden.

Gehen wir, um den soeben erklärten Paragrafen verständlicher zu machen, von folgendem Beispiel aus: Sie sind Arbeitnehmer und verdienen ein x-beliebig hohes Monatsgehalt. Die Steuern werden als Lohnsteuer vom Arbeitgeber abgeführt. Sie verdienen durch Umfragen im gesamten Jahr 380 €. In diesem Fall fallen keine Steuern auf die Tätigkeit an. Sie müssen diese zudem nicht in der Steuererklärung angeben. Anders verhält es sich, wenn Sie im Jahr 600 € als Arbeitnehmer nebenbei verdienen. Dann ist der Nebenverdienst steuerpflichtig und muss in der Steuererklärung als Einkunft aus nichtselbstständiger Arbeit angegeben werden. Handelt es sich um eine Tätigkeit, die Sie regelmäßig ausüben und mit der Sie langfristig Gewinne erzielen möchten, dann müssen Sie die Tätigkeit sogar als Selbstständigkeit anmelden.

---

[82] https://www.gesetze-im-internet.de/estg/__46.html

Bei der Anmeldung einer Selbstständigkeit stellt sich zunächst die Frage, ob es sich um eine freiberufliche oder gewerbliche Tätigkeit handelt. Passen Sie an dieser Stelle auf: Nahezu jede Person wird Ihnen sagen, ein Selbstständiger müsse immer ein Gewerbe anmelden. Dabei handelt es sich jedoch um den größten Unsinn, dessen Zeuge ich jemals werden durfte. Diverse Ratgeber und Webseiten sind vollgestopft mit dem Hinweis, sofort zum Gewerbeamt gehen zu müssen. Bitte machen Sie das nicht. Beim Großteil der Online-Tätigkeiten sind Sie ein Freiberufler. Dies ist bei der Textverfassung, den Umfragen, den Produkt-Tests, der Virtuellen Assistenz, dem Design und weiteren Tätigkeiten der Fall. Einzig der E-Commerce, der Domainhandel und ein umfassendes Online-Marketing-Unternehmen sind unter den gewerblichen Tätigkeiten einzustufen. Die Vermietung wiederum ist weder das eine noch das andere. Hier geben Sie die Einkünfte unter Vermietung und Verpachtung an, ohne irgendetwas anzumelden.

Was bedeutet dieser Hinweis für Sie?

Gehen Sie bei Zweifeln zum Finanzamt und fragen Sie nach, ob Sie direkt zum Gewerbeamt gehen sollen oder eine Einstufung als Freiberufler wahrscheinlich ist. Sollten Sie als Freiberufler durchgehen, hat dies für Sie den Vorteil, dass Sie sich die Gebühren beim Gewerbeamt sparen und ab 25.000 € (Stand: April 2020) Jahresgewinn nicht zur Gewerbesteuer verpflichtet sind, was Sie als Gewerbetreibender jedoch wären.

Ob Freiberufler oder Gewerbetreibender: Die Einkünfte aus dem Angestelltenverhältnis und der selbstständigen nebenberuflichen Tätigkeit werden miteinander verrechnet. Gleiches gilt, wenn Sie kein Angestellter sind und mehrere selbstständige Tätigkeiten verfolgen. Am Ende werden immer alle Gewinne verrechnet, wobei Sie Steuern zahlen müssen, sofern Ihr Einkommen den Grundfreibetrag von 9.408 € jährlich übersteigt. Darunter fallen keine Steuern an.[83]

Ferner gilt für Freiberufler sowie Gewerbetreibende unter Umständen die Umsatzsteuer. Die Umsatzsteuer fällt an, sofern umsatzsteuerpflichtige Einkünfte vorliegen, und beträgt 7 % oder 19 %. Sie gilt allerdings erst ab Umsätzen in Höhe von 22.000 € pro Jahr. Bis es dazu kommt, müssen Sie ordentlich vorlegen und zeigen, dass es Ihnen mit dem Online-Verdienst ernst ist. Bei der Umsatzsteuer rechnen Sie zu Ihren Dienstleistungen Ihren individuellen Umsatzsteuersatz hinzu und stellen dies in Rechnung. Im Endeffekt fallen für Sie also keine zusätzlichen Steuern an, es handelt sich nur um einen Aufschlag. Über Sinn und Unsinn der Umsatzsteuer lässt sich streiten. Der Vorteil der Umsatzsteuer besteht darin, dass Sie die Umsatzsteuer von Rechnungen, die Sie im Zusammenhang mit Ihrer Online-Tätigkeit zahlen müssen, absetzen können. Aus diesem Grund beantragen einige freiwillig die Umsatzsteuer. Allem voran in Zusammenhang mit Tätigkeiten wie z. B. dem Online-Handel, bei denen am Anfang aufgrund der Investitionen hohe Ausgaben stehen, macht die Umsatzsteuer Sinn.

Mehr als diesen Crashkurs können Sie im Internet in Erfahrung bringen. Es war an dieser Stelle nur wichtig, Sie auf einige Begriffe aufmerksam zu machen, damit Sie richtig recherchieren, wenn es um Ihre Steuerbelange geht. Es macht durchaus Sinn, sich ab einem Einkommen von mehreren Hunderten Euro monatlich einen Steuerberater zu besorgen. Dessen Honorar wird in Relation zum Aufwand fair ausfallen, sodass Sie sich keine Sorgen um Mehrkosten machen müssen.

---

[83] https://www.gesetze-im-internet.de/estg/__32a.html

Alles absetzen, was möglich ist!

Das steuerliche Absetzen ist bei Selbstständigen sehr beliebt. Sie können sich darauf einstellen, als Selbstständiger alle Quittungen zu sammeln, die es gibt. Bedenken Sie, dass das Sammeln von Quittungen nur dann Sinn macht, sobald Steuerzahlungen anfallen. Müssen Sie für Ihren Nebenverdienst durch Online-Tätigkeiten oder für die angemeldete Online-Selbstständigkeit hingegen keine Steuern zahlen, so kann auch nichts abgesetzt werden.

Zahlen Sie hingegen Steuern, dann setzen Sie alles ab, was möglich ist! Abzusetzen, was möglich ist, ist in der Regel der Job Ihres Steuerberaters. Erledigen Sie Ihre Steuererklärungen allein, dann ist angeraten, dass Sie sich mit den Anleitungen im Internet zu Steuererklärungen auseinandersetzen. Vergleichen Sie mehrere Quellen oder nutzen Sie von vornherein amtliche Quellen, damit Sie die richtigen Dinge steuerlich geltend machen und korrekt rechnen. Anspruchsvoll ist die Erledigung einer Steuererklärung nicht. Aber bei Unsicherheiten ist der Steuerberater die beste Option. Berücksichtigen Sie, dass das selbstständige Ausfüllen einer Steuererklärung Sie aufgrund fehlender Erfahrung so viel Arbeitszeit kosten kann, dass am Ende der Steuerberater die günstigste Option wäre.

Sie können bei der Steuererklärung alle Kosten geltend machen, die Ihnen im Zusammenhang mit der selbstständigen Tätigkeit entstehen. Ein Laptop wird in der Regel über einen Zeitraum von drei Jahren abgeschrieben, was bedeutet, dass der Kaufpreis auf 36 Monate aufgeteilt anteilig abgeschrieben wird. Andere Kosten (z. B. Schreibwaren, Bücher) lassen sich steuerlich sofort im Jahr der Kostenentstehung geltend machen. Es lohnt sich, dass Sie, falls Sie als Arbeitnehmer tätig sind und bisher nicht über die Möglichkeiten zu Steuerrückzahlungen aus der Arbeitnehmertätigkeit nachgedacht haben, im Zuge der Steuererklärung für Ihre neue Online-Selbstständigkeit auch die Steuereinsparungen bei Ihrem Angestelltenjob prüfen lassen. Viele Angestellte verzichten auf Steuererklärungen, im Zuge derer sich aber oftmals signifikante Geldbeträge zurückfordern lassen. Beispielsweise werden häufig die Fahrtkosten zu und von der Arbeit nicht berücksichtigt.

Eigene Zeitplanung professionell gestalten

Es kursieren zahlreiche Missverständnisse bezüglich dessen, was eine professionelle Zeitplanung im beruflichen Kontext ist. Zwar gibt es keine einheitliche Definition, aber an dieser Stelle möchte ich eine eigene Definition von professioneller Zeitplanung anbieten, die durch einen enormen Erfahrungsschatz ihre Rechtfertigung hat.

„Eine professionelle Zeitplanung ist gegeben, wenn Sie bei allem, was Sie tun, Ihrer inneren Uhr folgen."

Die innere Uhr ist etwas, was heutzutage kaum noch von Menschen verstanden wird. Denn das Bewusstsein für die innere Uhr geht immer mehr verloren. Es existiert nur noch die äußere Uhr, die den Alltag und damit das Leben in Form von Stunden, Minuten und Sekunden messbar macht. Termine richten sich nach dieser Uhr, Normen richten sich nach dieser Uhr, Arbeitszeiten richten sich nach dieser Uhr.

Termine und Arbeitszeiten mit der Uhr zu bestimmen, ist gut und hat Vorteile. Denn nur so lassen sich einheitliche Arbeitszeiten für alle Angestellten in Unternehmen und Treffen mit anderen Menschen ohne große Zeitverluste realisieren. Aber gefährlich wird es, wenn sich Normen nach der äußeren Uhr zu richten beginnen:

- ✓ „Ein Frühstück hat immer zwischen 8 und 10 Uhr stattzufinden, nicht um 12 Uhr!"
- ✓ „Was? Sie gehen um 2 Uhr morgens schlafen und stehen erst um 11 Uhr auf!? Das ist ja absolut unmöglich!"
- ✓ „Nachts zwischen 22 und 0 Uhr seine Trainings-Session im Fitnessstudio absolvieren, ist doch total unchristlich."

Die Menschen kommen mit den verschiedensten Kommentaren um die Ecke, aber berücksichtigen nicht, dass jeder individuell ist. Genauso einzigartig sind Sie! Die individuelle Zeitplanung sollte demnach höchst individuell sein – in allen Bereichen. Dies lässt sich nur erreichen, wenn im Rahmen der Möglichkeiten der inneren Uhr gefolgt wird.

Warum sage ich Ihnen das alles, und in welchem Zusammenhang steht dies mit dem Geldverdienen im Internet?

Es hat alles mit dem Geldverdienen im Internet zu tun. Sie starten zumindest im Nebenverdienst mit der Online-Tätigkeit. Eventuell haben Sie das Bestreben, dass der Online-Verdienst Ihr Hauptberuf wird oder Sie starten direkt mit 40 Wochenstunden Arbeit, weil Sie aktuell keinen Job haben und es mit dem Verdienst im Internet ernst meinen. Wie auch immer Ihre Ambitionen sind, Sie werden Ihre neue Tätigkeit in einen bereits bestehenden Alltag eingliedern müssen. Es stellt sich die Frage, wie Sie den Job organisieren, um möglichst produktiv zu arbeiten und sich nicht zu überlasten. Für einige wird die Rechnung aufgehen, jeden Tag zwei Stunden früher aufzustehen und dann zu arbeiten. Andere werden am späten Abend auf das Fernsehen verzichten und die Zeit vernünftiger, nämlich in die Arbeit, investieren. Wieder andere werden einige Stunden am Nachmittag nach der Arbeit für den Online-Verdienst mobilisieren.

Ich habe nicht einmal ansatzweise das Bestreben, Ihnen Modelle zur Zeitplanung vorzustellen. Zweifellos hat es seine Vorteile, immer früh aufzustehen (fünf Uhr beispielsweise) und bis Mitternacht produktiv zu sein. Einige Personen kommen mit fünf Stunden Schlaf klar und stehen sogar ohne Wecker um fünf Uhr morgens auf. Respekt an diese Menschen! Ich persönlich habe das eine Zeit lang gemacht, aber mich damit nicht wohl gefühlt. Es entsprach nicht meiner inneren Uhr. Meine innere Uhr sagt mir, dass ich aufstehen soll, wenn ich ohne Wecker aufwache und Lust habe, aufzustehen. Dabei kann es sich manchmal um 10 oder 12 Uhr handeln. Dafür aber bin ich bis spät in den Abend äußerst produktiv. Ab 22 bis 3 Uhr kann ich gut und gern fünf Stunden durcharbeiten und damit sogar auf mein tägliches Soll kommen. Daraus folgt, dass ich die Zeit ab 12 Uhr nach dem Aufstehen bis 22 Uhr zur freien Disposition habe. Es gibt solche Tage, ebenso wie es andere Tage gibt, an denen ich einfach früher aufstehen muss. Dies war beispielsweise der Fall, als ich hauptberuflich nicht online tätig war, sondern offline. Dann bin ich früh morgens aufgestanden. Nach der Arbeit habe ich aber genau das gemacht, wonach mir war: Sport, Lesen, Freunde treffen u. Ä. Für den Online-Verdienst ergaben sich anfangs nur kleine Zeitfenster, die ich nutzte. Mit der Zeit wurde es mehr, weil ich mehr wollte und den Online-Verdienst priorisierte.

So oder so ähnlich sollte es auch bei Ihnen laufen. Sie bekommen im Tagesablauf wahrscheinlich so vieles vorgeschrieben. Wenn dies nicht direkt durch Termine geschieht, so geschieht es indirekt durch vermeintliche gesellschaftliche Normen. Darin scheint zwar Wahrheit zu stecken, aber die einzige Wahrheit ist in Ihnen: Hören Sie daher auf das, was Ihnen guttut! Dann werden Sie glücklich sein. Mit dem Glück wird schließlich die Fähigkeit kommen, ohne Probleme die ein oder andere Stunde länger wachzubleiben oder früher aufzustehen, wenn dies für Sie notwendig ist. Die innere Uhr verändert sich im Laufe Ihres Lebens, sodass Anpassungen an Ihre neuen Aktivitäten und Jobs mit der Zeit automatisch kommen werden. Alles, was Sie tun müssen, ist einfach nur mit dem Job zu beginnen.

Nun gibt es einige Aspekte der Zeitplanung, bei denen sich standardisierte Empfehlungen trotz der Ihnen soeben gewährten Freiheit aussprechen lassen. Gehen wir z. B. davon aus, dass Sie täglich einen bestimmten Verdienst mit Umfragen, Textverfassung oder einem anderen Job für aktives Einkommen erreichen wollen. Sie müssen sich ausrechnen, wie viel Zeit Sie täglich für diesen Verdienst benötigen. Diese Zeit müssen Sie sich als einen Zeitrahmen für den jeweiligen Tag festlegen: „Heute muss ich zwei Stunden lang XY machen." Nun besteht der Trick darin, dass Sie sich wichtige Dinge auf einem Zettel aufschreiben und diesen Zettel sichtbar für sich irgendwo ausliegen haben. So wird Ihnen Ihre Zwei-Stunden-Tätigkeit nicht entgehen. Im Tagesablauf müssen Sie Zeitspannen finden, die Ihnen ermöglichen, die Tätigkeit insgesamt zwei Stunden auszuüben. Dies muss nicht am Stück sein, sondern kann auf achtmal 15 Minuten verteilt sein. Aber wichtig ist es, dass Sie die Dinge auf dem Schirm haben. Durch dieses Vorgehen hören Sie einerseits auf Ihre innere Uhr, indem Sie sich nicht auf einen bestimmten Tageszeitpunkt festlegen, an dem Sie das aktive Einkommen erzielen, andererseits stellen Sie sicher, dass Sie Spaß an der Tätigkeit haben werden, weil Sie Ihre Tagesplanungen nicht eingrenzt. Schlussendlich gilt: Zeitplanung ja, aber eher locker und nicht auf feste Zeitpunkte fixiert!

Langfristig von Online-Arbeit leben

Es ist möglich, langfristig von Online-Arbeit zu leben. Dafür muss zunächst der richtige Job gefunden werden. Umfragen und Produkt-Tests eignen sich nicht dafür, und auch Gewinnspiele stellen ein äußerst unsicheres Konstrukt dar. Da spielt es keine Rolle, dass einige wenige Menschen mit Erfolg Gewinnspiele betreiben und damit ihren Lebensunterhalt finanzieren. Es handelt sich hierbei um Ausnahmen.

Wer seinen Lebensunterhalt im Internet finanzieren möchte, kommt nicht daran vorbei, sich eine Website aufzubauen, wenn er für Kunden und Auftraggeber tätig ist. Darüber hinaus sind der Einsatz von Werbebudgets und die permanente Optimierung der Website essenziell. Diejenigen, die sich ein System zum passiven Einkommen aufbauen, dürfen sich nicht in Sicherheit wähnen. Denn es genügt eine Hand voll an Konkurrenten, die minimal besser aufgestellt sind oder die Geschäftsidee in höherer Qualität ausführen, um das System zunichtezumachen. Sie müssen im Internet mehr als in der Offline-Welt dafür arbeiten, die eigenen Geschäfte zu erhalten. Nirgendwo können disruptive junge Unternehmen Ihnen so sehr schaden wie im Internet.

Was bei einer langfristigen Ausübung des Online-Jobs wichtig ist, sind Vorsorgestrategien fürs Alter und die Gesundheit. Als hauptberuflich Selbstständiger haben Sie die Wahl, ob Sie sich gesetzlich für die Rente versichern möchten oder nicht. Nur die Online-Nachhilfe könnte als Dozententätigkeit rentenversicherungspflichtig sein. Dies müssen Sie dann mit einem Experten besprechen, wenn es so weit ist, dass Sie mit der Nachhilfe Ihren Lebensunterhalt finanzieren. Sollten Sie die Wahl haben, dann ist angeraten, auf die gesetzliche Rentenversicherung zu verzichten und privat vorzusorgen. Die Zukunftsfähigkeit des gesetzlichen Rentensystems ist umstritten, und eine lohnende

Rendite in Verhältnis zu dem, was Sie zu Arbeitszeiten einge-
zahlt haben, erhalten Sie nicht. Da empfiehlt sich die Einzah-
lung in eine private Altersvorsorge, die ETF-basiert ist, bei weitem mehr. Oder Sie sorgen über die langfristige Geldanlage
in Wertpapiere vor. Diesbezüglich gibt es Strategien, die ausreichend Sicherheit fürs eigene Geld versprechen. Neben der
Rentenversicherung ist die Krankenversicherung eine interessante Frage, denn Selbstständige haben die Wahl zwischen
der gesetzlichen und der privaten Krankenversicherung. Die
private Krankenversicherung verschafft Ihnen Privilegien und
ist für Selbstständige, die mehr als 5.000 € pro Monat verdienen und im Alter voraussichtlich ähnlich hohe Einkünfte erzielen werden, zugleich die günstigere Variante. Das Risiko allerdings ist, dass es aus der privaten Krankenversicherung kein
Zurück mehr in die Gesetzliche Krankenversicherung gibt. Die
gesetzliche Krankenversicherung wird im Gegensatz zur privaten nicht durch einen festen und bis ins Alter steigenden
Monatsbeitrag finanziert, sondern durch einen fest definier-
ten prozentualen Satz Ihres Einkommens. Somit werden Sie
diese Krankenversicherung eher finanzieren können – sogar,
wenn Sie in eine Arbeitslosigkeit geraten.

Neben der Versicherung gilt die Zukunftsplanung im Hinblick
auf die Familie als relevant. Mag sein, dass Ihr Einkommen und
Ihre Zeit momentan dem Leben eines einzelnen Selbstständigen genügen. Aber werden Sie in Zukunft mit dem Job eine
Familie finanzieren können und ausreichend Zeit übrig haben,
um diese mit der Familie zu verbringen? Dies gilt es abzuwä-
gen, wenn es hauptberuflich in den Online-Verdienst hinein-
gehen soll.

Sind Sie hauptberuflich online aktiv, dann behalten Sie stets
im Kopf, dass sich im Internet die Dinge nahezu laufend verändern. Damit ist gemeint, dass das, was heute noch aktuell
ist, es morgen nicht mehr sein muss. Überlegen Sie genau, ob

Ihr Job eine Zukunftsperspektive hat und stellen Sie sich breiter auf. Nur, weil es mit der Textverfassung gut läuft, bedeutet dies nicht, dass dieser Zustand von Dauer sein wird. Es wird mittlerweile über erste Software gemunkelt, die imstande ist, Texte automatisiert unter Berücksichtigung der Urheberrechte umzuschreiben. Aber die großen Unternehmen halten sich noch zurück, da an den Programmen angeblich noch mehrere Jahre gefeilt werden muss. Aber käme solch eine Software auf den Markt, wer bräuchte da noch die Texter?

Es ist alles ungewiss. Die Corona-Krise hat gezeigt, dass Selbstständigkeiten schnell in sich zusammenbrechen können. Je einseitiger Sie tätig sind, umso fragiler ist Ihr berufliches Konstrukt. Es empfiehlt sich, dass Sie ständig Neues dazulernen und auf diesem Wege Ihr Portfolio erweitern. Bricht dann eine Tätigkeit weg, werden Sie dennoch genug Spielräume haben und Dienstleistungen anbieten können, um langfristig von Online-Arbeit leben zu können.

Zusammenfassung

➢ Beim Home-Office ist zwischen einem Home-Office für sich sowie einem steuerrechtlich als solchem anerkannten Home-Office zu unterscheiden. Letzteres muss für eine steuerliche Absetzbarkeit räumlich klar von der sonstigen Wohnung getrennt sein und darf maximal ein Drittel der Wohnfläche beanspruchen. Eine hochqualitative Einrichtung im Home-Office fördert die Arbeitsatmosphäre.

➢ Ein Online-Nebenverdienst oberhalb der 410 € jährlich sowie eine regelmäßige selbstständige Tätigkeit, die zu einem Jahresgesamteinkommen oberhalb der 9.408 € führt, müssen in der Steuererklärung angegeben werden, woraufhin Steuern abzuführen sind. Anfallende

Kosten in Kombination mit der Online-Tätigkeit sind steuerlich absetzbar.

➢ Hören Sie bei der Planung Ihres Tages im Hinblick auf Beruf sowie Hobbies auf Ihre innere Uhr, um Spaß zu haben und sich wohl zu fühlen. Planen Sie den Job in Ihren Alltag ein, aber lassen Sie sich Freiräume bei dessen Ausübung.

➢ Möchten Sie vom Online-Job leben, so ist eine breite Aufstellung hinsichtlich der Dienstleistungen und eine immer wieder neuerliche Aneignung von Fachkenntnissen essenziell, um nicht von Konkurrenten ausgestochen zu werden. Sorgen Sie für Alter und Gesundheit vor. Haben Sie Ihre Familienplanung im Blick und schätzen Sie realistisch ab, ob ein sorgenfreies Familienleben mit Ihrem Online-Job möglich ist.

Schlusswort

Hoffentlich ist es mir geglückt, Ihnen die Perspektiven im Internet aufzuzeigen, mit denen jede Person Geld verdienen kann. Die einen haben es einfacher, die passende Tätigkeit zu finden, die anderen wiederum schwerer. Aber es kann niemand behaupten, beim Online-Verdienst chancenlos zu sein.

Dieser Ratgeber hatte nicht den Hauch einer Chance, Ihnen eine präzise Anleitung zur Ausübung aller Jobs zu geben. Dort, wo es Anleitungen gab, wurden lediglich Fragmente vorgestellt. Dies ist allerdings mehr als genug und mehr als die meisten anderen Personen bei der Aufnahme eines Online-Jobs zur Hilfe erhalten. Ich persönlich hatte nicht eine einzige Anleitung und musste immer wieder Rückschläge hinnehmen, nach denen ich mich aufrappeln musste. Ohne Zweifel ist mein Werdegang für die meisten Personen ein Traum, aber der Weg dahin war nicht ohne Probleme. So bekam ich als Autor des Öfteren den ein oder anderen Text nicht bezahlt, musste mich beim Design mehrmals an jedem Auftrag abarbeiten, weil ich zu sehr mit Fähigkeiten geprahlt, aber dennoch unzufriedenstellend geliefert hatte und letzten Endes alles einer Nachbesserung bedurfte. Auch bei Produkt-Tests gab es interessante Aussetzer. Bestes Beispiel ist meine Aktivität bei empfohlen.de: Dort war als Test die Eröffnung eines Commerzbank-Girokontos über Face-Ident angeboten und ich nahm an. Das lief soweit gut. Von empfohlen.de erhielt ich 10 € Vergütung für eine halbe Stunde Arbeit. Von der Commerzbank bekam ich aufgrund des Mindesteingangs von 1.000 € innerhalb von drei Monaten durch drei Überweisungen auf mein Konto zusätzlich sogar 100 € Willkommensprämie. Allerdings wusste ich nicht, dass es negative Auswirkungen auf die Schufa hat, wenn man zwei Girokonten zur gleichen Zeit besitzt. Die Folge war, dass ich keinen Konsumkredit bei meiner eigentlichen Bank erhalten habe, weil ich einen negativen Schufa-Eintrag hatte. Tja, dumm gelaufen…

Solche und ähnliche Vorkommnisse sind auch bei Ihnen möglich. Dies bedeutet allerdings nicht, dass Sie sofort eine Tätigkeit aufgeben müssen. Es sind Erfahrungen, die sich auszahlen werden. Außerdem blicken die meisten Personen mit etwas zeitlicher Distanz mit einem lachenden Auge auf Patzer wie die Eröffnung eines zweiten Girokontos und eine daraus folgende negative Schufa. Wenn dieses Buch Ihnen dabei hilft, einige ärgerliche Aussetzer zu vermeiden, dann hat es bereits einen guten Beitrag geleistet, über den ich froh bin. Konnten darüber hinaus zu den einzelnen Jobs interessante Einblicke gewährt werden, die Ihnen einen genaueren Eindruck von den Tätigkeiten verschaffen, so wurde ein weiteres Ziel erreicht und dieser Ratgeber hat sogar einen sehr guten Beitrag geleistet. Haben Sie zudem tiefergehende Aspekte wie die Grundtugenden aus Kapitel 1 sowie die praktischen Tipps aus dem letzten Kapitel verinnerlicht, dann werden Sie in höchstem Maße von den Informationen profitieren.

Sollten Sie sich jetzt unsicher sein, wo Sie anfangen sollen, dann werfen Sie diese Unsicherheiten über Bord, nehmen Sie direkt das Buch zur Hand und gehen Sie so vor, wie es bei den Jobs logisch erscheint. Bei einem Großteil der in diesem Buch beschriebenen Websites finden Sie Links vor, wo Sie Ihre Dienstleistungen anbieten können. Wenn Sie zu Beginn Bescheidenheit im Honorar walten lassen oder ausgezeichnete Qualifikationen für ein höheres Honorar einbringen, dann werden Sie über diese Plattformen schnell erste Aufträge an Land ziehen. Und wie es im Leben so ist: Purzeln die ersten Euro, dann wird es zunehmend leichter. Behalten Sie diese Faszination für die ersten paar Euro dauerhaft bei und entwickeln Sie den Anspruch, mit der Zeit zu wachsen und sich die bestbezahlten Online-Jobs zu sichern. Dann werden die Perspektiven für Sie im Internet unbegrenzt sein; unabhängig davon, von welchem Fähigkeiten- und Erfahrungsstand aus Sie aktuell starten.

Gratis-Bonus

Vielen Dank noch einmal für den Erwerb dieses Buches. Als zusätzliches Dankeschön erhalten Sie von mir ein E-Book, als Bonus und völlig gratis.

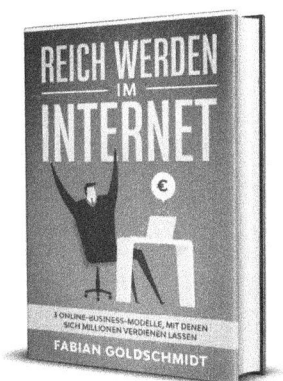

Darin erhalten Sie Einblick in drei Online-Business-Modelle, mit denen sich Millionen verdienen lassen! Sie erfahren, worum es im jeweiligen Modell geht, was zur Umsetzung notwendig ist und wieso ausgerechnet damit Millionen verdient werden können.

Um die geheime Download-Seite aufzurufen, öffnen Sie ein Browserfenster auf Ihrem Computer oder Smartphone und geben Sie Folgendes ein: **bonus.fabiangoldschmidt.com**

Sie werden dann automatisch auf die Download-Seite geleitet.

Bitte beachten Sie, dass dieses Bonusheft nur für eine begrenzte Zeit zum Download verfügbar ist.

Quellenverzeichnis

Literatur-Quellen:

Mecklenburg, E.: *Geld verdienen im Home-Office*. 2019.

Twickler, Y.: *Geld verdienen im Internet*. 2015.

Online-Quellen:

https://coincierge.de/online-geld-verdienen/#Man_sollte_geduldig_und_ehrgeizig_sein

https://de.toluna.com/#/

https://www.moviepanel.de/

https://www.meinungsstudie.de/

https://www.lifepointspanel.com/

https://www.swagbucks.com/

https://www.loopsterpanel.de/index.php

https://www.empfohlen.de/

https://www.testpiloten.info/

https://www.mystipendium.de/reviews

https://www.testbirds.de/

https://test.io/

https://testerjob.net/

https://www.machmit.gfk.com/de

https://testerheld.de/

https://www.youtube.com/watch?v=ldOXtLV7mos

https://www.einfach-sparsam.de/

https://gewinnspieletipps.de/

https://www.gewinnspiele-markt.de/

https://www.sparwelt.de/

https://www.kostenlos.de/

http://www.namejet.com/

https://de.godaddy.com/

https://www.snapnames.com/

https://www.zdnet.de/39154608/porn-com-fuer-9-5-millionen-dollar-verkauft/

https://sedo.com/de/

https://www.moniker.com/

https://domain-recht.de/domain-handel/goldene-regeln-fur-den-domain-handel

http://www.domainguard24.com/

https://www.eassistentin.de/

https://www.my-vpa.com/

https://strandschicht.de/

http://freiarbeiter.com/

https://www.manage-my-business.de/

https://www.juliakoehne.com/

https://www.dana-berg.com/

https://www.airbnb.de/

https://www.wimdu.de/

https://wunderflats.com/de

https://www.mietmeile.de/

http://www.sachenausleihen.de/

https://www.erento.com/

https://www.sharely.ch/howTo/

https://www.zeit.de/2016/04/wimdu-berlin-apartments-vandalismus/komplettansicht

https://pando.com/2014/03/18/airbnbs-response-to-its-latest-scandal-proves-that-the-new-disruptors-are-growing-up/

https://submit.shutterstock.com/

https://stock.adobe.com/de/

https://www.istockphoto.com/de

https://submit.shutterstock.com/

https://languagetool.org/de/

https://www.content.de/

https://www.textbroker.de/

http://www.contentworld.com/

https://www.texterjobboerse.de/

https://www.machdudas.de/jobs-neu

https://www.ebay-kleinanzeigen.de/

https://de.indeed.com/?from=gnav-homepage

https://www.monster.de/

https://www.canva.com/q/pro/

https://de.wordpress.com/

https://contao.org/de/

https://www.joomla.de/

https://typo3.org/

https://themeforest.net/

https://www.rgblog.de/logo-bildmarke-rechtsverletzung/

https://www.corel.com/de/

https://www.adobe.com/products/photoshop.html?promoid=PC1PQQ5T&mv=other

https://99designs.de/

https://www.upwork.com/

https://www.studienkreis.de/

https://www.sofatutor.com/

https://www.noteeins.de/online-nachhilfe.html

https://partnernet.amazon.de/help/operating/schedule/

https://partnernet.amazon.de/

https://www.ebay.de/

https://www.idealo.de/

https://utopia.de/bestenlisten/gebraucht-kaufen-verkaufen-online/

https://ergoptometrie.de/einfluesse-von-blauem-licht/

https://www.gesetze-im-internet.de/estg/__46.html

https://www.gesetze-im-internet.de/estg/__32a.html

www.ingramcontent.com/pod-product-compliance
Lightning Source LLC
Chambersburg PA
CBHW071418210326
41597CB00020B/3564